Kohlhammer

Die Herausgeberinnen

Dr. Heike de Boer ist Professorin für Grundschulpädagogik an der Universität Koblenz-Landau, Campus Koblenz. Ihre Arbeits- und Forschungsschwerpunkte sind professionelles Lehrer*innenhandeln in Unterrichtsgesprächen und im Kontext von Migration und Mehrsprachigkeit; Interaktionsanalyse; forschendes Lernen; Demokratielernen; mit Kindern philosophieren.

Dr. Daniela Merklinger ist Professorin für Deutschdidaktik mit dem Schwerpunkt sprachliches und literarisches Lernen an der Pädagogischen Hochschule Ludwigsburg. Ihre Arbeits- und Forschungsschwerpunkte sind Professionalisierung der Gesprächsführung; dialogische Gespräche mit Kindern; Lernprozessbeobachtung in fachdidaktischen Kontexten; Texte schreiben als kulturelle Tätigkeit in der Grundschule.

Heike de Boer
Daniela Merklinger (Hrsg.)

Grundschule im Kontext von Flucht und Migration

Verlag W. Kohlhammer

Dieses Werk einschließlich aller seiner Teile ist urheberrechtlich geschützt. Jede Verwendung außerhalb der engen Grenzen des Urheberrechts ist ohne Zustimmung des Verlags unzulässig und strafbar. Das gilt insbesondere für Vervielfältigungen, Übersetzungen, Mikroverfilmungen und für die Einspeicherung und Verarbeitung in elektronischen Systemen.

Die Wiedergabe von Warenbezeichnungen, Handelsnamen und sonstigen Kennzeichen in diesem Buch berechtigt nicht zu der Annahme, dass diese von jedermann frei benutzt werden dürfen. Vielmehr kann es sich auch dann um eingetragene Warenzeichen oder sonstige geschützte Kennzeichen handeln, wenn sie nicht eigens als solche gekennzeichnet sind.

Es konnten nicht alle Rechtsinhaber von Abbildungen ermittelt werden. Sollte dem Verlag gegenüber der Nachweis der Rechtsinhaberschaft geführt werden, wird das branchenübliche Honorar nachträglich gezahlt.

Dieses Werk enthält Hinweise/Links zu externen Websites Dritter, auf deren Inhalt der Verlag keinen Einfluss hat und die der Haftung der jeweiligen Seitenanbieter oder -betreiber unterliegen. Zum Zeitpunkt der Verlinkung wurden die externen Websites auf mögliche Rechtsverstöße überprüft und dabei keine Rechtsverletzung festgestellt. Ohne konkrete Hinweise auf eine solche Rechtsverletzung ist eine permanente inhaltliche Kontrolle der verlinkten Seiten nicht zumutbar. Sollten jedoch Rechtsverletzungen bekannt werden, werden die betroffenen externen Links soweit möglich unverzüglich entfernt.

1. Auflage 2021

Alle Rechte vorbehalten
© W. Kohlhammer GmbH, Stuttgart
Gesamtherstellung: W. Kohlhammer GmbH, Stuttgart

Print:
ISBN 978-3-17-037198-9

E-Book-Formate:
pdf: ISBN 978-3-17-037199-6
epub: ISBN 978-3-17-037200-9
mobi: ISBN 978-3-17-037201-6

Inhaltsverzeichnis

Einleitung: Grundschule im Kontext von Flucht und Migration — 9

Heike de Boer & Daniela Merklinger

    Literatur — 17

1 Migration, Wohlbefinden und Schule — 18

Heike de Boer

1.1 Inklusion durch social bonds und social bridges — 20
1.2 Child Well-Being – kindheitstheoretische Forschungszugänge — 21
1.3 Migration und Schule — 23
1.4 Denk-, Handlungs- und Wahrnehmungsmuster verändern: Bildungsprozesse im Projekt GeKOS — 26
1.5 Wohlbefinden, Inklusion und Migration – Schlussgedanken — 40
    Literatur — 42

2 »Bisschen mit Bus, bisschen mit Zug.« Zugänge der Kindheitsforschung zum Themenfeld Flucht — 45

Sabine Andresen

2.1 Einleitung — 45
2.2 Vorstellungskraft als Zugang in der Kindheitsforschung — 47

2.3	Flucht als Forschungsgegenstand der Kindheitsforschung – Annäherungen über Interviews mit Kindern	51
2.4	Vorläufiges Fazit: Kindheitsforschung und ihre Zugänge zu einem komplexen Themenfeld	59
	Literatur	61

3	**Soziale Netzwerke, Peerkontakte und schulisches Selbstkonzept neu zugewanderter Kinder in der Schule**	**63**
	Charlotte Röhner	
3.1	Transition und Akkulturation neu zugewanderter Kinder: Theoretische Perspektiven	64
3.2	Fragestellung und Methodik der Studie zu sozialen Netzwerken, Peerbeziehungen und schulischem Selbstkonzept neu zugewanderter Kinder	67
3.3	Fazit und Schlussfolgerungen	76
	Literatur	80

4	**Mehrsprachige Kinder zum Sprechen ermutigen: Dialogische Gespräche führen**	**83**
	Heike de Boer & Daniela Merklinger	
4.1	Die Bedeutung des Gesprächsverhaltens der Lehrkraft	84
4.2	Eine dialogische Grundhaltung entwickeln	86
4.3	Das Koblenzer Projekt »GeKOS«	90
4.4	Dialogische Momente im Gespräch	93
4.5	Zum Sprechen ermutigen: Die dialogisch-reziproke Grundhaltung	99
	Literatur	102

5	**Zusammenarbeit zwischen Eltern und Schule in der Migrationsgesellschaft**	**105**

	Christiane Bainski & Ursula Neumann	
5.1	Mehrsprachigkeit als Ressource für alle Kinder und Jugendlichen	108
5.2	Erfolgreiche Konzepte: Das Beispiel »Rucksack Schule«	109
5.3	Handlungsebenen und Kooperationsfelder der Zusammenarbeit	114
5.4	Schlussgedanken	117
	Literatur	119

6	**Resilienz im Klassenzimmer**	**121**

	Klaus Fröhlich-Gildhoff, Maike Rönnau-Böse und Sabrina Döther	
6.1	Einleitung	121
6.2	Resilienz – Definition und Faktoren	122
6.3	Resilienzförderung in der Grundschule bei Kindern mit Fluchterfahrung	126
6.4	Fazit	133
	Literatur	135

7	**Geflüchtete Kinder und Traumatisierung**	**137**

	Christine Bär	
7.1	Flucht als Sequenzielle Traumatisierung der einzelnen Familienmitglieder	138
7.2	Rollenumkehr und Parentifizierung in geflüchteten Familien	139
7.3	Symptome von Traumatisierungen	140
7.4	Übertragung und Wiederholungszwang der traumatischen Beziehungen	142

7.5	Fallbeispiel	144
7.6	Fazit und Ausblick	148
	Literatur	152

8	**Interreligiöses Lernen im Unterricht der Grundschule**	**154**
	Susanne von Braunmühl	
8.1	Interreligiöses Lernen, interreligiöser Dialog und interreligiöse Begegnung	156
8.2	Beispiele für Begegnungslernen	158
8.3	Interreligiöses Lernen mit Geschichten der verschiedenen Religionen	169
	Literatur	172

Autor*innenverzeichnis	**174**

Einleitung: Grundschule im Kontext von Flucht und Migration

Heike de Boer & Daniela Merklinger

> Manchmal I
>
> Manchmal
> spricht ein Baum
> durch das Fenster
> mir Mut zu
>
> Manchmal
> leuchtet ein Buch
> als Stern
> auf meinem Himmel
>
> Manchmal
> ein Mensch
> den ich nicht kenne
> der meine Worte
> erkennt
>
> Rose Ausländer © S. Fischer Verlag GmbH, Frankfurt a. M.

Seit 2015 kam mehr als eine Million Menschen mit Zuwanderungsgeschichte nach Deutschland. Viele davon sind Familien mit Kindern im Grundschulalter, die einerseits unterschiedliche Lebens- und Bildungserfahrungen mitbringen und andererseits viele Gemeinsamkeiten mit Familien und Grundschulkindern im Einwanderungsland Deutschland haben. Auch Kinder mit Fluchtgeschichte sind in erster Linie Kinder (vgl. Berthold 2014). Sie haben die gleichen Bedürfnisse wie alle Kinder in dieser biografisch sensiblen Phase. Sie freuen sich an Kontakten zu anderen, am gemeinsamen Spiel oder Unternehmungen. Der Ausschluss von Freizeitangeboten und Kontakt mit Gleichaltrigen aufgrund ökonomischer, sprachlicher und behördlicher Hindernisse wirkt besonders schwer (vgl. ebd.). Gleichzeitig stehen die Kinder ihrer neuen Heimat, der Schule und der Möglichkeit, Freunde zu finden, sehr positiv und aufgeschlossen gegenüber, allen Hindernissen zum Trotz, wie Interviews mit neu zugewanderten Kindern zeigen (World Vision 2016).

Integration durch Bildung kann an diesen Potenzialen ansetzen, indem sie den Kindern Räume und Möglichkeiten dafür bietet, sich selbst als angenommen und kompetent zu erfahren, ihr kulturelles und sprachliches Wissen einzubringen und zugleich zu erweitern. Für diese Aufgabe sind professionell agierende Lehrkräfte und Pädagog*innen elementar, die zum einen über ein großes Handlungsrepertoire verfügen und andererseits auch das eigene Handeln reflektieren, aktiv Potenziale und Gemeinsamkeiten in den Blick nehmen und die Unterschiede als konstitutiv für migrationsgesellschaftliche Verhältnisse respektieren. Denn kulturelle und sprachliche Unterschiede sind »Kennzeichen der einen (pluralen) Gesellschaft: Wir sind different, sprechen Türkisch, Kurdisch, Russisch und Deutsch, haben unterschiedliche Weltanschauungen, die traditionell oder in neuen, hybriden Formen verknüpft, geglaubt und gelebt werden« (Karakaşoğlu/Mecheril 2019: 25).

Dennoch ist die Tatsache, dass Deutschland eine Migrationsgesellschaft ist, weder in Schulen noch an den Universitäten angekommen und gelebte Praxis.

So zeigen die jüngeren Ergebnisse der vom Stifterverband initiierten Projekte »Stark durch Diversität – interkulturelle Bildung in der Lehrerbildung«[1], dass es an deutschen Universitäten zwar vereinzelt qualitativ hochwertige Bildungsangebote für Lehramtsstudierende zum Thema Migration und Mehrsprachigkeit gibt. Da es

---

1 Im Mittelpunkt des dreijährigen Projektes (2016–2019), das vom Stifterverband gemeinsam mit der Schöpflin- und der Mercatorstiftung finanziert wurde, standen die Vernetzung und das gemeinsame Lernen universitärer Projekte, die zum Thema ›Migration in der Lehrerbildung‹ Projektideen entwickelt haben.

sich aber in den meisten Fällen um singuläre oder additive Einzelprojekte handelt, bleibt die Nachhaltigkeit begrenzt (vgl. Stifterverband 2020). Auch Universitäten bedürfen einer Lehrerbildung für die Einwanderungsgesellschaft (ebd.), in der nicht nur Konzepte für mehrsprachiges, bildungs- und fachsprachliches Handeln entwickelt werden, sondern eine systemisch-konzeptionelle Perspektive eingenommen wird, in der sozio-kulturelle, religiöse und sprachliche Bedingungsfaktoren zusammengedacht werden. In einer Zeit, in der rassistische und diskriminierende Positionen in der Gesellschaft zunehmen, ist dies wichtiger denn je.

In schulischen und auch pädagogisch-fachdidaktischen Kontexten wird Integration/Inklusion heute häufig auf das Erlernen der deutschen Sprache reduziert. Doch ein erfolgreicher Integrationsprozess ist vor allem auch daran gebunden, dass Schüler*innen und Eltern neue positive Erfahrungen machen können, eigene Stärken erfahren und ausbauen, dass soziale Beziehungen entstehen und Kinder und Familien sich als Teil der Aufnahmegesellschaft fühlen.

Unter dem Slogan »Integration durch Bildung« gibt es zahlreiche Veröffentlichungen (z. B. KMK 2016; 2020), die Bedingungen für die Integration von Kindern mit Migrations- und Fluchthintergrund formulieren. Doch konkrete Maßnahmen zur Integration lassen soziale und kulturelle Aspekte oft außer Acht.

Der 2016 von King und Lulle herausgegebene europäische Forschungsbericht zur Migration weist eindrücklich darauf hin, dass Integration ein komplexer Prozess ist, der wirtschaftliche, soziale, kulturelle und bildungsorientierte Aspekte umfasst, die nicht losgelöst voneinander wirken, sondern einander wechselseitig bedingen (vgl. King/Lulle 2016: 53). Dort werden vor allem die sozialen und kulturellen Prozesse als förderlich für Bildung eingeschätzt (ebd.). Dass Integration ein komplexer und im besten Fall wechselseitig angelegter Prozess ist, untermauern auch soziologische Reflexionen. Sie machen sichtbar, dass die soziale Integration in weitere Faktoren ausdifferenziert werden kann. So unterscheidet Heckmann strukturelle, kulturelle, soziale und identifikative Integrationsaspekte (Heckmann 2015: 71). Seine Analysen zeigen, dass diese Dimensionen in wechselseitigen Kausalbeziehungen stehen (ebd.: 73); denn identifikative Prozesse gehen z. B. auf als erfreulich erlebte soziale Bezüge zurück, die sich in geteilten kulturellen Erlebnissen ereignen können; genauso wie die kulturelle Integration durch die Zunahme von Kontakten und Austauschmöglichkeiten profitiert, die sich über »die zunehmende Einbindung in Kernsituationen der Aufnahmegesellschaft« (ebd.) vollzieht.

Dementsprechend besteht eine zentrale gesellschaftliche Herausforderung darin, Familien und ihren Kindern sowohl soziale als auch kulturelle Teilhabe zu ermöglichen. Voraussetzung dafür ist, die unterschiedlichen Sprachen, Lebens- und Bildungserfahrungen der zugewanderten Kinder und ihrer Familien kennenzulernen, wertzuschätzen und in den Unterricht einzubinden. Vor diesem Hintergrund stehen folgende Fragen im Mittelpunkt des Buches:

- Welches Wissen brauchen Lehrkräfte und zukünftige Lehrkräfte darüber, welche Erfahrungen Kinder und ihre Familien vor der Flucht und auf der Flucht gemacht haben, um das Handeln von Kindern und Eltern im schulischen Kontext zu verstehen?
- Wie kann es gelingen, die sprachliche und kulturelle Vielfalt so zu nutzen, dass alle, die an Schule beteiligt sind, mit- und voneinander lernen können?

Diese Fragen werden in den verschiedenen Beiträgen des Buches ausdifferenziert.

Heike de Boer diskutiert in ihrem Beitrag *Migration, Wohlbefinden und Schule*, wie soziale und kulturelle Inklusionsprozesse zusammenhängen und durch welche Faktoren die schulische Inklusion neu zugewanderter Kinder gefördert werden kann. Dazu werden aktuelle Studienergebnisse im Kontext der Well-Being-Kindheitsforschung vorgestellt. Darauf aufbauend wird reflektiert, welche blinden Flecken in der Schul- und Unterrichtsentwicklung sowie in der Professionalisierung von Lehrkräften im Umgang mit Flucht und Migration bestehen. An einem Projektbeispiel werden Bildungsprozesse Studierender dokumentiert, die in einem Mentoring-Projekt durch Fremdheitserfahrungen, Irritationen und antinomische Herausforderungen angestoßen wurden und eine Reflexion der individuellen Denk-, Wahrnehmungs- und Handlungsmuster ausgelöst haben. Abschließend werden Faktoren gebündelt, die elementar zur Entstehung von Teilhabegerechtigkeit für Kinder mit Flucht- und/oder Migrationsgeschichte im schulischen Alltag beitragen.

Sabine Andresen zeigt in ihrem Beitrag *»Bisschen mit Bus, bisschen mit Zug.« Zugänge der Kindheitsforschung zum Themenfeld Flucht* auf sehr eindrückliche Weise, dass Interviews mit Kindern mit Fluchtgeschichte die Routinen der meisten Kindheitsforscher*innen durchbrechen. So auch bei den neun Interviews der World Vision Studie 2016, denn existenzielle Themen wie Abschiede, Beziehungsabbrüche, lange Trennungen, Angst um das eigene Leben und Gewalt können die Forschungssituation prägen und Fremdheit zwischen Forscher*innen und Kindern verstärken. Forscher*innen geraten in Anbetracht der Erzählungen der Kinder über ihre Flucht immer wieder an die Grenze des Vorstellbaren. Vor diesem Hintergrund betont Sabine Andresen die zentrale Bedeutung der Vorstellungskraft für die Kindheitsforschung, ebenso die Bedeutung autobiographisch angelegter Texte von Autor*innen mit Fluchterfahrung, die den Forscher*innen eine Möglichkeit geben, sich dem kaum Vorstellbaren zu nähern. Die World Vision Studie 2016 stellt in dem Wissen um die prinzipiellen Ressourcen der Kinder und ihre Verletzlichkeit und Angewiesenheit auf Schutz dar, wie Kinder unter den extremen Bedingungen von Flucht ihre Welt ordnen. Am Beispiel der Bereiche Familie und Freunde, die für das Wohlbefinden von Kindern zentral sind, gibt Sabine Andresen bewegende Einblicke in die Sicht einzelner geflüchteter Kinder. Der Beitrag schließt mit konkreten Fragen für die zukünftige Kindheitsforschung.

In ihrem Beitrag *Soziale Netzwerke, Peerkontakte und schulisches Selbstkonzept neu zugewanderter Kinder in der Schule* arbeitet Charlotte Röhner heraus, dass flucht- und migrationsbedingte Zuwanderung Kinder und Jugendliche vor eine hohe Anpassungs- und Akkulturationsleistung stellt, die nicht nur das Sprachlernen, sondern vor allem auch die kulturelle und psychosoziale Integration umfasst. Sie stellt Ergebnisse einer empirischen Studie zu sozialen Netzwerken, Peerkontakten und schulischem Selbstkonzept vor, die an der Schnittstelle von Migrations- und Kindheitsforschung der Frage nachgeht, welche Bedeutung einheimische Peers für den Akkulturationsprozess neu zugewanderter Kinder haben. Aus den Befunden werden pädagogische Schlussfolgerungen für die kulturell-soziale und sprachliche Integration gezogen, die den Kontaktaufbau und das Sprachlernen sowohl unter einheimischen als auch unter neu zugewanderten Kindern als Schlüssel für ein gemeinsames Miteinander versteht.

In dem Beitrag *Mehrsprachige Kinder zum Sprechen ermutigen: Dialogische Gespräche führen* reflektieren Heike de Boer und Daniela Merklinger die Bedeutung eines auf Reziprozität und Dialog ausgerichteten Gesprächshandelns. Diskutiert wird, wie die interaktive Hervorbringung von Erzählwürdigkeit im gemeinsamen Gespräch von Kindern und Erwachsenen durch die Gesprächsführung der Erwachsenen verhindert oder ermöglicht werden kann. Im Anschluss an empirische Forschungen aus der anglo-amerikanischen Interaktionsforschung werden Faktoren herausgearbeitet, die zu einem reziproken Gesprächshandeln führen können. An zwei Fallbeispielen aus dyadischen Erzählsituationen zwischen Kindern mit mehrsprachigem Hintergrund und Studierenden wird dargelegt, wie Kinder trotz sprachlicher Hürden Erzählungen entfalten und diese gemeinsam mit dem erwachsenen Gegenüber im interaktiven Prozess weiterentwickeln. Expliziert wird zum einen, dass dialogisch-reziproke Momente im Gespräch besonders dann hervorgebracht werden, wenn Kinder als Experten ihrer Lebenswelt adressiert werden und zeigen können, was sie wissen und was sie interessiert; zum anderen werden Gesprächshandlungen gesprächsanalytisch ausdifferenziert, an denen eine dialogische und reziproke Grundhaltung erkennbar werden kann.

Christiane Bainski und Ursula Neumann legen in ihrem Beitrag *Zusammenarbeit zwischen Eltern und Schule in der Migrationsgesellschaft* dar, wie bedeutend die Entwicklung von Bildungs- und Erziehungspartnerschaften für eine produktive Verständigung zwischen Eltern und Vertreter*innen der Schule sind. Am Beispiel des Projektes »Rucksack-Schule« werden wichtige Faktoren expliziert, die zu einer gelingenden Verständigung beitragen. Gezeigt wird, wie vor allem die Defizitperspektive auf die vielfältigen familiären Lebensbedingungen und Lebensweisen verlassen werden kann und die Ressourcen, die Eltern mitbringen, fokussiert werden. Die Autorinnen belegen mit Beispielen aus der empirischen Begleitforschung des Projektes »Rucksack-Schule«, wie bedeutend umfassende Partizipationsmöglichkeiten für Eltern sind. Zugleich wird sichtbar, dass Lehrkräfte Qualifizierungsangebote für die Zusammenarbeit zwischen Eltern und Schule benötigen.

Klaus Fröhlich-Gildhoff, Maike Rönnau-Böse und Sabrina Döther stellen in ihrem Beitrag *Resilienz im Klassenzimmer* zunächst das Resilienzkonzept dar und illustrieren es dann in seiner Anwendung im schulischen Kontext. Dies geschieht auf der Grundlage von zwei Praxisforschungsprojekten des Zentrums für Kinder- und Jugendforschung an der Evangelischen Hochschule Freiburg, an denen insgesamt 24 Grundschulen teilgenommen haben. Ergebnisse der wissenschaftlichen Evaluation dieser Projekte, an denen auch zahlreiche Familien mit Migrations- und Fluchthintergrund teilgenommen haben, werden diskutiert und in ihren positiven Wirkungen auf der Ebene der Institutionen, der Lehrer*innen, der Kinder und Eltern reflektiert. Daraus werden im Weiteren spezifische Hinweise zur Resilienzförderung in der Grundschule bei Kindern mit Fluchterfahrung entwickelt.

Um *Geflüchtete Kinder und Traumatisierung* geht es in dem Beitrag von Christine Bär. Dabei wird zunächst ein Verständnis von Flucht zugrunde gelegt, nach dem diese kein punktuelles, traumatisierendes Ereignis, sondern vielmehr einen langjährigen Prozess darstellt, der nach der Ankunft im Aufnahmeland noch lange nicht aufhört. Denn insbesondere in den ersten Jahren nach gelungener

Flucht können die unsicheren und bedrohlichen Aufenthaltsbedingungen zu weiteren Traumata führen, die die Traumata der Flucht chronifizieren. Bär reflektiert die häufig zu beobachtende Rollenumkehr zwischen Kindern und Erwachsenen, in denen die Kinder zu Hoffnungsträgern der Familien werden; ihre schulischen Leistungen sollen den Selbstwert der Familien stärken. Sie zeigt auf, dass dieser Kontext zu einer schulischen Überangepasstheit und (vermeintlich) selbstständigen Entwicklung führen kann, was für Lehrkräfte als Ausdruck eines Traumas nicht leicht zu erkennen ist. Leichter zu erkennen sind Verhaltensweisen, die als Irritationen oder »Störung« in Erscheinung treten, so Bär. Sie resümiert, dass eine besondere Herausforderung für Lehrkräfte darin besteht, dass es zur Übertragung der traumatischen Beziehung auf die Lehrperson kommen kann. An einem Fallbeispiel wird reflektiert, wie fragil der schulische Umgang mit einem Kind ist, das sich in einer (traumatischen) Krise nach der Flucht befindet. Der Beitrag schließt mit Möglichkeiten des schulischen Umgangs mit traumatisierten Kindern.

In dem Beitrag *Interreligiöses Lernen im Unterricht der Grundschule* berichtet Susanne von Braunmühl von Erfahrungen mit interreligiösem Lernen in Grundschulklassen. Zunächst wird grundgelegt, was unter interreligiösem Lernen zu verstehen ist und welche Bedeutung das Begegnungslernen in diesem Kontext hat. Im Anschluss daran werden drei unterschiedliche Beispiele aus der Praxis vorgestellt: 1. religiöse Feste, 2. religiöse Artefakte, 3. Besuch von Gotteshäusern. Ausgehend von den Fragen und Erfahrungen der Kinder wird dargestellt, wie interreligiöses Lernen stattfinden kann und wie Kinder sich gegenseitig über Bräuche, Rituale und Geschichten, die in ihrer Religion von Bedeutung sind, befragen und darüber berichten. Von Braunmühl arbeitet Ziele interreligiösen Lernens heraus und illustriert an einem Beispiel, wie dieser Prozess in der Praxis konkret aussehen kann.

Literatur

Berthold, T. (2014): In erster Linie Kinder. Flüchtlingskinder in Deutschland. Köln: UNICEF.

Heckmann, F. (2015): Integration von Migranten. Einwanderung und neue Nationenbildung. Wiesbaden: Springer VS Verlag.

Karakaşoğlu, Y./Mecheril, P. (2019): Pädagogisches Können. Grundsätzliche Überlegungen zu LehrerInnenbildung in der Migrationsgesellschaft (17–33). In: Cerny, D./ Oberlechner, M. (Eds.): Schule – Gesellschaft – Migration. Opladen, Berlin und Toronto: Barbara Budrich.

King, R./Lulle, A. (2016): Research on Migration: Facing Realities and Maximizing Opportunities. A Policy Review. European Commission, 68. https://www.researchgate.net/publication/299387596 [Zugriff: 20.01.2018].

Stifterverband für die deutsche Wissenschaft e. V. (2020): Lehrkräftebildung für die Schule der Vielfalt. Eine Handreichung des Netzwerks Stark durch Diversität.

World Vision Deutschland (2016): Angekommen in Deutschland. Wenn geflüchtete Kinder erzählen. Friedrichsdorf: World Vision.

1

Migration, Wohlbefinden und Schule

Heike de Boer

> Die Fremdheit des Fremden wird durch die Wiederherstellung von
> Vertrautheit überwunden oder zumindest gemildert.
> Thomas Bauer, Die Kultur der Ambiguität: 347.
> © Verlag der Weltreligionen im Insel Verlag Berlin 2011.

Kinder mit Zuwanderungsgeschichte leben in einer besonderen Situation, in der es einen Ausschluss von Freizeitangeboten und Kontakten mit Gleichaltrigen aufgrund ökonomischer, sprachlicher und behördlicher Hindernisse gibt, der besonders schwer wiegt. Zusätzlich kommt für viele Familien mit Fluchtgeschichte die Belastung durch die Erfahrungen der zurückliegenden Flucht hinzu (▶ Kap. 2), genauso wie die Erfahrungen des Lebens in Erstaufnahmeunterkünften (Lewek/Naber 2017). Einige Familien berichten, dass sie innerhalb Deutschlands mehrmals die Unterkunft wechseln mussten, bis ihnen ein fester neuer Wohnort zugewiesen wurde. Für Kinder bedeutet dies, dass sie über einen langen Zeitraum in einer unsicheren Umgebung mit wenig Stabilität leben, in der nicht nur die Sprache, sondern auch Orte, Räume, Rituale, Menschen u. v. m. unbekannt und auch beängstigend sind (▶ Kap. 7). In dieser Phase des Ankommens und der Asylbeantragung, in der in vielen Bundesländern noch kein geregelter Schulbesuch vorgesehen ist, fehlt ein Rahmen, der Struktur und Sicherheit gibt, genauso wie der Kontakt zu Kindern, die (schon länger) in Deutschland leben. Diese Situation birgt für die psychosoziale Entwicklung von Kindern und Jugendlichen erhebliche Risiken, die den Alltag schutzsuchender Familien mit Kindern und Jugendlichen längerfristig prägen und erheblich belasten (ebd.; ▶ Kap. 6).

Vor diesem Hintergrund wird in diesem Beitrag reflektiert, welche Faktoren die schulische Inklusion neu zugewanderter Kinder befördern. Dazu werden aktuelle Studienergebnisse im Kontext der Well-Being-Kindheitsforschung einbezogen. Darauf aufbauend wird gefragt, welche blinden Flecken in der Schul- und Unterrichtsentwicklung sowie in der Professionalisierung von Lehrkräften im Umgang mit Flucht und Migration bestehen. An einem Projektbeispiel werden Bildungsprozesse Studierender vorgestellt, die sie in einem Mentoring-Projekt mit Kindern mit Fluchtgeschichte als Mentor*innen machen, indem sie ihre eigenen Wahrnehmungs- und Handlungsmuster bearbeiten. Abschließend werden zentrale Faktoren resümiert, die zur Entstehung von Wohlbefinden und zur Inklusion beitragen.

1 Migration, Wohlbefinden und Schule

1.1 Inklusion durch social bonds und social bridges

Im 2016 erschienenen europäischen Forschungsbericht zur Migration (King/Lulle 2016) wird eindrücklich darauf hingewiesen, dass Inklusion im Kontext von Migration ein komplexer Prozess ist, der wirtschaftliche, soziale, kulturelle und bildungsorientierte Faktoren umfasst, die nicht losgelöst voneinander wirken, sondern sich wechselseitig bedingen (vgl. King/Lulle 2016: 53). Dort wird vor allem die soziale und kulturelle Inklusion als förderlich für Bildungsprozesse eingeschätzt (ebd.). Unterschieden wird hier zwischen *social bonds* und *social bridges* (Ager/Strang 2004 in King/Lulle 2016: 59). *Social bonds* werden definiert als »connections within the ethnic, migrant or refugee community«. »*Social bridges* are relations developed within the mainstream host society and with other communities« (King/Lulle 2016: 58). Besonders neu entstandene, interethnische Kontakte durch neue Beziehungen oder Netzwerke im Aufnahmeland unterstützen den Inklusionsprozess (ebd.).

In der neueren Kindheitsforschung haben sich in den letzten Jahren Ansätze des Child Well-Being etabliert (Andresen 2018; Betz 2018). Andresen differenziert unterschiedliche Typen des Child Well-Being-Ansatzes aus und hebt Studien mit kindheitstheoretischer Rahmung hervor (Andresen 2018: 77). Diese Studien interessieren sich dafür, welche Dimensionen des Wohlbefindens aus der Perspektive von Kindern relevant sind, und zeigen u. a. eine Schnittmenge zu den oben genannten Faktoren. Interessant sind in diesem Kontext Untersuchungen, die die Perspektive von Kindern im Kontext von Flucht und Migration näher untersucht haben. Im Folgenden wird dieser Ansatz aufgegriffen und vertieft.

1.2 Child Well-Being – kindheitstheoretische Forschungszugänge

Die Untersuchung des Wohlbefindens von Kindern als eigenständigen Akteuren ist besonders aufschlussreich und ermöglicht es, Kinder als Experten ihrer Lebenswelt zu befragen. Fattore, Mason und Watson (2017) haben eine Untersuchung in Australien durchgeführt und 126 Kinder zwischen acht und zwölf Jahren zu ihrer Perspektive auf Wohlbefinden befragt. Auf der Datenbasis von Gruppengesprächen, dialogischen Interviews und sachbezogenen Projekten konnten sie ein mehrdimensionales Konzept entwickeln, das von vier Dimensionen gerahmt wird:

- emotionales Erleben
- Freizeitmöglichkeiten
- wirtschaftliches Wohlbefinden
- Gesundheit.

Im Zentrum dieser Rahmung stehen die drei zentralen Faktoren (vgl. ebd.: 46):

- Selbstbild und Identität
- Agency und Autonomie
- Sicherheit und Schutz.

Diese einzelnen Faktoren hängen zusammen und beeinflussen sich wechselseitig. Denn die Möglichkeit, Verantwortung zu übernehmen, steigert das emotionale Wohlbefinden genauso wie Aktivitäten, die wichtige Könnenserfahrungen ermöglichen.

Kämpfe (2019) hat jüngst eine Untersuchung vorgelegt, in der sie Gruppendiskussionen mit Kindern mit Migrationshintergrund durchgeführt hat. Ihre Analysen schließen unmittelbar an die Ergebnisse von Fattore et al. (2017) an und differenzieren Faktoren des Wohlbefindens weiter aus. Kämpfe arbeitet heraus, dass Dimensionen der Zugehörigkeit bedeutend sind; denn Aufwachsen im Migrationskontext bedeutet auch, dass es Mehrfachzugehörigkeiten und hybride Identitäten gibt (ebd.: 281). Kinder erleben, dass ihre Familien räumlich getrennt sind und sich transnationale Zugehörigkeiten bilden, die ein hohes Verbundenheitsgefühl hervorrufen. Durch Besuche, Telefonate und Onlinekontakte wird der Zusammenhalt weiter gepflegt (ebd.: 282). Interessant ist, dass einige Kinder »das gute Leben«, so Kämpfe, in Relation zum vergleichsweise schwierigen Leben in ihren Herkunftsländern konzeptualisieren und dementsprechend ihre eigene Situation im Aufnahmeland positiv einschätzen. Sie berichten ferner, dass interethnische Freundschaften und gemeinsame sportliche Aktivitäten (ebd.) für sie bedeutsam sind.

Kämpfe arbeitet zwei grundlegende Typen von Selbstpositionierungen der Kinder heraus. Die Kinder des einen Typs erfahren sich in unterschiedlicher Ausprägung als aktiv Handelnde mit einem hohen Maß an Eigenverantwortlichkeit und Selbstwirksamkeitsüberzeugungen. Kämpfe spricht von »Selbstpositionierung als planvolle Akteur*innen« (ebd.: 274). Anerkennung in der Peergroup und freundschaftsbezogene Orientierungen spielen dabei eine wichtige Rolle, genauso wie intraethnische und interethnische Kontakte. Dahingegen erfahren sich die Kinder des zweiten Milieutyps in ihrer »Selbstpositionierung als irritierte und unsichere Akteure« (ebd.). Kämpfes Analysen machen sichtbar, dass das Wohlbefinden in der Kindergruppe sowohl im Aufnahme- als auch im Herkunftsland eine wichtige Rolle spielt und durch Rassismuserfahrung oder Diskriminierung eingeschränkt werden kann (ebd.: 287). Kämpfe zeigt weiter, dass Wohlbefinden immer auch Wohlbefinden in der Familie bedeutet und dass der *transnationale Raum* dabei eine besondere Bedeutung erfährt. Wohlbefinden ist nach Kämpfe »vor dem Hintergrund unterschiedlicher Zugehörigkeitsdimensionen in ihrer Verwobenheit und Ambivalenz« zu verstehen und auch »vor dem Hintergrund von migrationsbezogener Differenz und Machtasymmetrien im Migrationskontext« zu betrachten. Nicht zuletzt ist Wohlbefinden an den Aspekt *Sprache* gekoppelt (ebd.).

Diese sehr ausdifferenzierte und aktuelle Analyse der Perspektiven auf das Wohlbefinden von Kindern in der mittleren Kindheit zeigt nicht nur, dass sich die untersuchten Kindergruppen in ihren Erfahrungen und Perspektiven unterscheiden, sondern auch, dass sich Wohlbefinden im Kontext von Peerbezügen, Familie[1] und Sprache im Kontext der Situation im Aufnahme- und im Herkunftsland herausbildet.

Dementsprechend ist davon auszugehen, dass ein Integrationsprozess besser gelingt, wenn diesen unterschiedlichen Dimensionen Rechnung getragen wird.

1.3 Migration und Schule

Vor dem Hintergrund der dargestellten aktuellen Forschungsergebnisse ist erstaunlich, dass Schule und Unterricht bezogen auf Flucht und Migration noch weitgehend an den Normalitätserwartungen der gesellschaftlichen Mehrheit orientiert sind (Gomolla 2016: 14; Karakaşoğlu/Mecheril 2019) und Integrationsmaßnahmen meistens als singuläre oder additive Einzelmaßnahmen mit dem Schwerpunkt Sprachförderung angesetzt werden. Nur wenige Konzepte denken die sprachliche, sozio-kulturelle und religiöse Heterogenität zusammen und legen ein Umdenken für Schule in der Einwanderungsgesellschaft Grund (vgl. z. B. das Hamburger MIKS Projekt).[2]

---

1 Zusätzlich zu den hier genannten Faktoren arbeitet Kämpfe in ihrer Untersuchung auch die Bedeutung der Religionszugehörigkeit raus.
2 Im Zentrum von MIKS I steht der handlungsleitete Ansatz, die Sprachen der Schüler*innen wertzuschätzen, einzubinden und für schulische Lernprozesse fruchtbar zu machen. Dazu werden Grundschulkollegien im Hamburger Raum gemeinsam weiter qualifiziert, indem sie eigene Praxisvorhaben zum Einbezug von Mehrsprachigkeit erarbeiten und im Prozess der Schul- und Unterrichtsentwicklung implementieren (vgl. Lange 2019).

1 Migration, Wohlbefinden und Schule

Gomolla konstatiert zutreffend:

> »Wenn die Strukturen und Schulorganisationen nicht konsequent auf die Arbeit mit Kindern und Jugendlichen mit einer Bandbreite an sprachlichen oder familial bedingten Bildungsvoraussetzungen und Bedürfnissen ausgerichtet sind, wird der Umgang mit migrationsbedingter sprachlich-kultureller Heterogenität nicht nur von Berufsanfängern und Berufsanfängerinnen, sondern auch von praxiserfahrenen Lehrpersonen tendenziell als Verunsicherung erlebt« (2016: 14).

Gefordert wird, dass es auch an Universitäten einer Lehrerbildung in der Einwanderungsgesellschaft bedarf (Karakaşoğlu/Mecheril 2019; Stifterverband 2020)[3], in der nicht nur Konzepte für mehrsprachiges, bildungs- und fachsprachliches Handeln entwickelt werden, sondern eine systemisch-konzeptionelle Perspektive eingenommen wird, die soziokulturelle, religiöse und sprachliche Bedingungsfaktoren zusammendenkt. Genauso wichtig sind in diesem Kontext die Aufarbeitung von defizitorientierten und kulturalisierenden Sichtweisen von Studierenden und Lehrer*innen und die Entwicklung einer diversitätsbewussten und antidiskriminierenden Haltung. Auch wenn der Begriff *Haltung* ein eher schillernder und wissenschaftlich unpräziser Begriff ist, hat er in diesem Kontext eine herausgehobene Bedeutung. Denn differenzsensibles Unterrichten bedarf der Aufgeschlossenheit für den Zusammenhang von Haltung, Sprache und Ausgrenzung. Mit sprachlichen Adressierungen (Dirim/Mecheril 2018: 28) werden Kinder als solche angesprochen, die etwas können, oder aber als solche, die etwas nicht können, z.B. als »nicht Deutsch Sprechende«. Diese Adressierungspraktiken haben unmittelbaren Einfluss auf das Lernverhalten und die Motivation von Schüler*innen.

---

3 Im Mittelpunkt des vom Stifterverband gemeinsam mit der Schöpflin- und der Mercatorstiftung finanzierten dreijährigen Projektes (2016–2019) stand die Vernetzung und das gemeinsame Lernen universitärer Projekte, die Projektideen zum Thema Migration in der Lehrerbildung entwickelt haben.

Ergebnisse verschiedener Untersuchungen konstatieren, dass die Reflexion dieser Prozesse nicht beiläufig geschehen kann oder sich gar von selbst einstellt (z. B. Gomolla 2016; Huxel 2019). Die besten Konzepte zur Mehrsprachigkeit und sozio-kulturellen Integration können scheitern, wenn die Adressierungspraktiken der Lehrkräfte, d. h. die konkreten sprachlichen Formulierungen, mit denen Lehrer*innen Kinder ansprechen, diskriminierend sind. Damit wird die Notwendigkeit sichtbar, dass Konzepte einer differenzsensiblen und teilhabegerechten Praxis verbunden sind mit der Reflexion von Haltung und Sprache. Es geht darum, besser aufzudecken, wie Differenzen und Abwertungen durch Sprache oft auch beiläufig hergestellt werden und dabei Schüler*innen ausgrenzen und ihnen Lernmöglichkeiten verstellen, bzw. gemeinsam mit Lehrer*innen an der Umsetzung zu arbeiten, Inklusionsbemühungen mit wertschätzenden Sprachpraktiken zu verbinden (ebd.). Dazu bedarf es in allen Phasen der Lehrer*innenbildung Kontexten, die dazu anregen, die eigenen Denk-, Handlungs-, Wahrnehmungs- und Sprachmuster zu reflektieren.

Im Folgenden wird an einem Projektbeispiel gezeigt, wie zukünftige Lehrer*innen in einem Mentoring-Projekt ihre Denk-, Handlungs-, Sprach- und Wahrnehmungsmuster im Umgang mit Flucht und Migration bearbeiten – eine bedeutende Voraussetzung dafür, dass Mentee und Mentor*in Vertrauen zueinander und Wohlbefinden im Umgang miteinander entwickeln können.

1.4 Denk-, Handlungs- und Wahrnehmungsmuster verändern: Bildungsprozesse[4] im Projekt GeKOS

1.4.1 Projektdesign

»GeKOS – Gemeinsam entdecken Kinder ihren Ort mit Studierenden« ist ein Mentoring-Projekt für Kinder mit Fluchthintergrund und Studierende an der Universität Koblenz. Das Projekt wurde von der Schöpflinstiftung und dem Land Rheinland-Pfalz für fünf Jahre gefördert (2015–2020).

Ihm liegt zum einen der Kerngedanke zugrunde, dass ein erfolgreicher Integrationsprozess nicht auf die Unterstützung des Sprachlernens reduziert werden darf, sondern vor allem auch daran gebunden ist, ein Mitglied sozialer Beziehungen und sozialer Milieus der Aufnahmegesellschaft zu werden; zum anderen bedarf es der Sensibilisierung und Professionalisierung zukünftiger Lehrkräfte für diesen Prozess.

Ein Projektdurchgang von GeKOS beginnt jeweils im Oktober mit einer Einführung für die Studierenden und endet im Juli des folgenden Jahres. Die wöchentliche Tandemarbeit startet jeweils im November mit einem großen Eröffnungsfest an den Schulen, an dem sich Kinder, Eltern, Lehrer*innen und Studierende kennenlernen und an dem die Tandempaare gebildet werden. Unterstützt werden die Mentor*innen durch zweiwöchentlich stattfindende Supervisionen.

Das Projekt wird wissenschaftlich begleitet. Entsprechend der Zielstruktur des Projektes fokussiert die Begleitforschung folgende Ebenen (▶ Abb. 1.1):

---

4 Bildung wird in Anlehnung an Koller (2015) als transformativer Bildungsprozess verstanden.

1.4 Denk-, Handlungs- und Wahrnehmungsmuster verändern

- Die individuellen Lern- und Bildungserfahrungen als Beitrag zur Professionalisierung[5] der studentischen Mentor*innen werden prozessbegleitend in Lerntagebüchern dokumentiert und qualitativ-inhaltsanalytisch ausgewertet (vier Erhebungszeitpunkte, jeweils im Abstand von zwei Monaten).
- Zur Erfassung des Beitrags des Projekts zur sozialen und kulturellen Integration der Kinder werden mit den Kindern zu Beginn und zum Ende des Projektes dialogische Gespräche geführt, aufgenommen, transkribiert und inhaltsanalytisch untersucht. Auf der Basis dieser Gespräche werden Sozialbeziehungen der Kinder, Orte, an denen sie sich gerne aufhalten, und Interessen, denen sie gerne nachgehen, untersucht (vgl. de Boer et al. 2018).

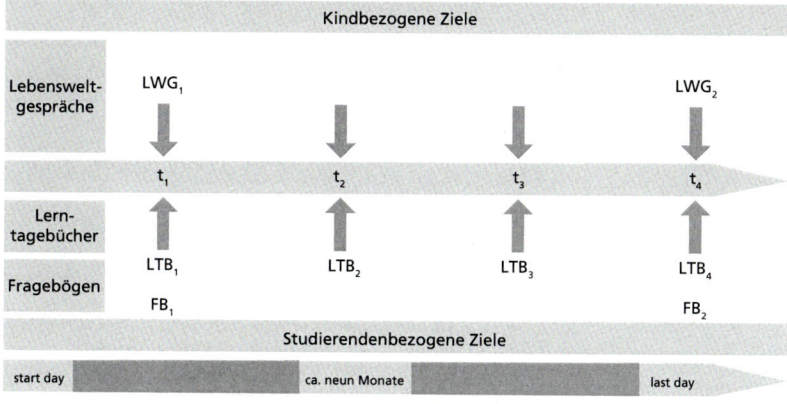

Abb. 1.1: Das Erhebungsdesign im Überblick

Die Lern- und Bildungserfahrungen der Studierenden werden zu vier Messzeitpunkten mithilfe von Online-Lerntagebüchern festgehalten. Diese Darstellung ermöglicht sowohl die Betrachtung des

---

5 Professionalisierung wird in Anlehnung an Helsper (2014) im Kern als antinomische Ausbalancierung nicht auflösbarer Spannungsfelder verstanden.

Entwicklungsverlaufs einzelner Studierender über die Projektteilnahme hinweg als auch einen Vergleich erreichter Entwicklungsstände über verschiedene Zeitpunkte.

Im Projekt befanden sich im letzten Durchgang 2018/19 insgesamt 90 Kinder und Studierende, d. h. 45 Tandems. Viele Kinder stammen aus dem arabischen Raum, was angesichts der aktuellen Zuwanderungsbewegungen nicht erstaunlich ist; einige stammen auch aus Ost- und Südosteuropa oder aus Afrika. Elf Kinder nehmen zum zweiten Mal an GeKOS teil, fünf Kinder zum dritten Mal.

Die Gruppe der Mentor*innen unterscheidet sich einerseits hinsichtlich ihrer Vorerfahrungen (Auslandserfahrungen; Umfang der Erfahrungen in der Zusammenarbeit mit heterogenen Schüler*innengruppen) und andererseits hinsichtlich der Bearbeitungstiefe der Aufgaben, die zur Begleitforschung gehören. Auch wenn sie die gleichen Projektangebote erfahren und die gleichen Aufgaben bearbeiten, ist der Unterschied in der Durchführung der Aufgaben eklatant; das gilt für die Bearbeitung der Reflexionsaufgaben in den Lerntagebüchern genauso wie für die gemeinsamen Gespräche mit den Kindern am Beginn und Ende des Projektzeitraums. Einige Studierende beantworten die Fragen in den Lerntagebüchern sehr differenziert, dokumentieren das Erlebte und reflektieren ihren eigenen Entwicklungsprozess genau.

So stellt die Studentin Richarda z. B. fest, dass sie sich selbst durch das Ausformulieren ihrer Gedanken im Lerntagebuch über ihre eigenen Ziele bewusst geworden ist:

> Nach der Evaluationsrunde habe ich festgestellt, dass es abgesehen vom GeKOS-Team auch für mich persönlich wichtig und hilfreich sein kann, wenn man Situationen, die man als »normal« und nicht »an die Grenzen bringend« einstuft, schriftlich oder öffentlich reflektiert. Dadurch erhält man i. d. R. neue Blickwinkel, die einem vorher nicht klar waren, und man entdeckt vielleicht einen Handlungsbedarf, den man vorher nicht verspürte. Ich denke also, dass ich mich insofern weiterentwickelt habe, dass ich mich mehr öffnen kann. D. h. zu verbalisie-

> ren/mitzuteilen, was mich gerade in der Tandemarbeit beschäftigt, auch wenn ich nicht das Gefühl habe, Hilfe dabei zu benötigen. Die Ziele, die ich soeben für die weitere Beziehungsentwicklung formuliert habe, sind mir so konkret erst durch das Ausformulieren bewusst geworden. (Richarda, LTB 2)

Das Lerntagebuch trägt in diesem Sinne auch bei etlichen Studierenden zu einem differenzierten und vertieften *Verstehen durch Schreiben* bei; Schreiben hat hier eine erkenntnisstiftende Funktion, die Beobachtungen und Erfahrungen aufzuarbeiten, zu durchdenken und mit pädagogischem Fachwissen zu verknüpfen.

Andere Studierende nehmen sehr verkürzte Lerntagebucheinträge vor, betonen die ausschließliche Praxisrelevanz, die das Projekt für sie hat, und schreiben weder von konkreten Erfahrungen noch von Herausforderungen oder eigenen Entwicklungen. Trotz der für alle Studierenden im 14-tägigen Rhythmus angebotenen Coachinggruppen, die von professionellen Supervisorinnen angeboten werden, entziehen sich einige Studierende dem Prozess der persönlichen Auseinandersetzung mit ihren eigenen Erfahrungen.

1.4.2 Fremdheitserfahrungen, Irritationen und antinomische Herausforderungen

In den analysierten Auswertungen der Lerntagebücher lassen sich aus strukturtheoretischer Sicht spannungsgeladene, antinomische Konstellationen rekonstruieren, die dazu beitragen, Lern- und Bildungsprozesse bei den beteiligten Studierenden anzuregen. Diese Bildungsprozesse lassen sich wiederholt auf Fremdheitserfahrungen und Irritationen zurückführen, die eine Verunsicherung und die Infragestellung routinierter Handlungsmuster und Erwartungen nach sich ziehen (Bildung als Transformationsprozess; vgl. Koller 2015).

Zunächst lassen sich Antinomien[6] finden, die typisch für die grundschulpädagogische Arbeit mit Kindern im Allgemeinen sind. Im Kontext kindgerechter Freizeitgestaltung ist das z. B. die Spannung zwischen

- den Wünschen des Kindes einerseits sowie erforderlichen Regeln andererseits;
- der didaktischen Planung im Vorfeld und der flexiblen Anpassung an situative Erfordernisse;
- den kindlichen Bedürfnissen nach Nähe bei gleichzeitiger Anforderung an rollenförmige Distanz
- und dem Umgang mit der prinzipiellen Unsicherheit und Fehleranfälligkeit pädagogischer Handlungssituationen (vgl. de Boer et al. 2021).

Vor diesem Hintergrund ist es wichtig zu bedenken, dass Flüchtlingskinder zunächst ganz normale Kinder sind, die unabhängig von ihrer Nationalität und kulturellen Zugehörigkeit agieren (vgl. Maywald/Wiemert 2016: 7). Die pädagogische Arbeit stößt in diesem Sinne auf Herausforderungen, die typisch für die Arbeit mit Kindern sind.

Darüber hinaus lassen sich kontextspezifische antinomische Konstellationen und Spannungsfelder ausdifferenzieren, welche sich einerseits aus den besonderen Lebenslagen von Familien mit Zuwanderungshintergrund (insbesondere sprachlicher und kultureller Differenz, unsicherem Aufenthaltsstatus, z. T. prekären Lebensverhältnissen sowie dem Umgang mit Fluchterfahrungen und Traumata) und andererseits aus Mentoring-Konstellationen mit Kindern ergeben (vgl. de Boer/Falmann 2021).

---

6 Antinomien sind Spannungsfelder zwischen zwei Polen, z. B. Nähe und Distanz (vgl. Helsper 2014).

1.4 Denk-, Handlungs- und Wahrnehmungsmuster verändern

Im Spannungsfeld von Anteilnehmen und Vermeidung von Re-Traumatisierung

> Bei unserem letzten Treffen warteten wir gemeinsam auf den Bus und kamen dabei ins Gespräch. Es ging über die Sprachen, die wir sprechen, und von diesem Thema kamen wir irgendwann auf seine Fluchtgeschichte. Er erzählte mir, wie es zu der Flucht kam. Ich war zunächst überrascht, wie offen er darüber erzählte. Doch schon bald schien ihm das Thema nicht mehr so recht zu sein. Ich hatte das Gefühl, dass dies Erinnerungen wachrief, die er eigentlich lieber vergessen möchte. Dennoch scheint es für ihn sehr wichtig zu sein, über seine Heimat zu erzählen, auch wenn das nicht immer angenehm ist. Ich habe das Gefühl, dass wir offen miteinander sprechen können, er mir vertraut und an der gemeinsamen Zeit schätzt, dass ich mich für ihn, seine Familie und seine Herkunft interessiere. Er deutete öfter an, dass in Syrien viele Araber seine Familie nicht dahaben möchten, weil sie Kurden sind, und er das nicht versteht. Mich hat die Unterhaltung sehr bewegt. Ich bin in Deutschland geboren und aufgewachsen und hatte nie Berührungspunkte mit Anfeindungen, geschweige denn Verfolgung und Hass. (Richarda, LTB 2)

Die Studierenden werden immer wieder in für sie überraschenden Situationen mit bedrückenden Erzählungen von Fluchterfahrungen und psychologischen Traumata konfrontiert. Oft sind es Situationen, in denen Mentor*in und Mentee fast beiläufig im Gespräch sind, hier im Zitat ist es die gemeinsame Wartezeit auf den Bus. In anderen Fällen geschieht es beim Spiel oder beim gemeinsamen Kaffeetrinken mit Kindern und Eltern. Die Studierenden bemühen sich in diesen Situationen auf der einen Seite gleichermaßen aus pädagogischen wie persönlichen Gründen um ein Verstehen. Auf der anderen Seite versuchen sie, eine zu intensive Auseinandersetzung mit den biographischen Hintergründen auch angesichts der Gefahr einer Re-Traumatisierung zu vermeiden.

1 Migration, Wohlbefinden und Schule

Immer wieder werden ähnliche Erlebnisse im Lerntagebuch reflektiert und ziehen weiterführende Überlegungen nach sich, z. B. dass die Studierenden diese Erfahrungen nicht erwartet haben und irritiert darüber sind, dass sie quasi *nebenbei* erzählt werden.

> Als ich meinen Mentee am Startday kennengelernt habe, hat er mir sehr viele Situationen und Geschichten aus dem Heimatland Syrien erzählt. Ein einschneidender und für mich irgendwie trauriger Moment war, als mein Mentee Folgendes zu mir sagte: »Der Ort in Syrien, wo ich gewohnt habe, ist vom Krieg zerstört worden.« Ich hatte nicht das Gefühl, dass mein Mentee Mitleid wollte, sondern eine Person, die sich für seine Geschichten interessiert. Auch nach den beiden Treffen danach hat mein Mentee mir noch weitere Geschichten aus seinem Heimatland erzählt, welche ich mir gerne anhöre, um die Lebenswelt des Kindes vor und nach der Flucht nachvollziehen zu können. Die geschilderte Situation war allerdings bisher die einschneidendste Situation für mich, die mir auch noch sehr lange in Erinnerung bleiben wird. (Serafine, LTB 2)

Im Spannungsfeld von Differenzblindheit und Differenzfixiertheit[7]

> Außerdem habe ich mitbekommen, dass vor allem die Väter ziemlich streng sein können und oftmals »auf den Tisch hauen«. Die Mütter sind eher für das Emotionale in der Familie verantwortlich. Insgesamt erkenne ich in der Kultur ziemlich viele konservative Strukturen, die aber völlig okay sind. (Marleen, LTB 4)

In diesem Zitat nimmt Marleen eine Kulturalisierung vor. Sie verallgemeinert von ihrer Erfahrung mit *einer* Mutter und *einem* Vater auf *alle* Mütter und Väter dieser kulturellen Zugehörigkeit. Damit reduziert sie das Verhalten der Eltern auf ihre kulturelle Zugehö-

---

7 Begriffspaar in Anlehnung an Mecherils (2002) begriffliche Reflexionen.

1.4 Denk-, Handlungs- und Wahrnehmungsmuster verändern

rigkeit. Sie sieht (noch) nicht, dass auch die Gruppe der Familien mit Fluchtgeschichte in sich nicht nur sehr heterogen bezüglich der nationalen Herkunft, sondern auch hinsichtlich der bildungs- und schichtspezifischen Zusammensetzung ist. Welches Verhalten als *Deutsch* oder als *anders* bezeichnet wird, entscheidet sich häufig entlang einer – als statisch empfundenen – ethnokulturellen Grenze. Diese wird dann als alleinige Differenzdimension herangezogen, ohne die Dynamik und die Veränderbarkeit der Identitäts- und Lebensentwürfe (nicht nur) im Kontext der Migrationsgesellschaft zu berücksichtigen. In diesem Fall ist es die Differenzlinie entlang des Bildes von Männer- und Frauenrollen in der arabischen Gesellschaft. Marleen verkennt hier, dass es ähnliche Zuschreibungen auch im Kontext deutscher Genderkonstruktionen gibt.[8]

Gleichzeitig erkennt sie, dass die Begegnung mit ihrem Mentee und seinen Eltern das Thema *fremde Kulturen* zu einem neuen Lernfeld gemacht hat. So schätzt sie ihre eigene Entwicklung folgendermaßen ein:

> Ich denke, dass ich unbewusst offener gegenüber anderen Kulturen geworden bin. Natürlich kann man dies in einem so kurzen Zeitraum noch nicht wirklich reflektieren, aber ich denke, dass sich das in den nächsten Monaten noch zeigen und verstärken wird. Ich denke, das kommt daher, dass man sich bei dem Projekt ganz aktiv mit der anderen Kultur auseinandersetzt und sich austauscht und viele Dinge erfahren kann, die man sonst nur in negativer Weise im Sinne von Vorurteilen über die Medien mitbekommt. (Marleen, LTB 2)

Die Einträge in Marleens Lerntagebüchern spiegeln ihre Selbsteinschätzung und zeigen, dass sie sich in ihrem Mentoring-Prozess sehr regelmäßig mit dieser Thematik reflexiv beschäftigt hat.

---

8 Die im Kontext der Lerntagebucheinträge erkennbar gewordenen Themen, die einer Vertiefung oder Auseinandersetzung bedürfen, werden in den Coachinggruppen aufgegriffen.

1 Migration, Wohlbefinden und Schule

Auch die Mentorin Serafine reflektiert in ihrem Lerntagebuch über *Kultur* und nimmt in diesem Kontext einen entscheidenden Perspektivwechsel vor. Sie fühlt sich selbst von dem Vater ihres Mentees der Gruppe der Deutschen, die immer nur deutsch reden wollen und selten auf andere zugehen, pauschal zugeordnet und erlebt damit selbst eine Kulturalisierung.

> Ich saß bei Firas Familie im Wohnzimmer und wir tranken Tee. Firas Vater war zum ersten Mal auch dabei. Er spricht nicht so gut Deutsch wie Firas Mutter. Halb auf Deutsch, halb von der Mutter übersetzt, beschwerte er sich, dass »die Deutschen« immer verlangen, dass immer und überall Deutsch gesprochen wird. Außerdem gefällt es ihm nicht, dass man in Deutschland nie mal von jemandem in der Öffentlichkeit angesprochen wird, einfach um sich zu unterhalten (dazu habe ich gesagt, dass ich in meinem bisherigen Leben in Deutschland auch sehr selten auf der Straße von einem Fremden einfach so angesprochen worden bin – das liegt also nicht an ihnen). Einerseits kann ich die Frustration nachvollziehen, andererseits habe ich mich durch diese Pauschalisierung (»die Deutschen«) angegriffen gefühlt und wusste nicht, wie ich darauf reagieren soll. Als ich zu Hause war, habe ich nochmal darüber nachgedacht und mir vorgestellt, wie oft sich wohl Firas Eltern schon angegriffen gefühlt haben, weil sie als »die Migranten« über einen Kamm geschert und stigmatisiert wurden. (Serafine, LTB 2)

Mecheril (2002) konstatiert in diesem Kontext, dass es um die Entwicklung eines angemessenen Fallverstehens im Spannungsfeld zwischen Differenzblindheit und Differenzfixiertheit geht.

Die Studentin Serafine zeigt mit ihrer Reflexion, dass sie in dieser Situation plötzlich versteht, wie es sich anfühlt, wenn kulturelle und subsumierende Zuschreibungen erfolgen.

1.4 Denk-, Handlungs- und Wahrnehmungsmuster verändern

Im Spannungsfeld vom Lehrer*innen-Sein und Freund*innen-Sein

> Ich möchte die Grundhaltung beibehalten, meinen Mentee nur indirekt zum Sprachgebrauch zu animieren und nicht aufzufordern oder abzufragen, damit mein Mentee nicht das Gefühl hat ich wäre seine Lehrperson. Er soll sehen, dass er mit mir spielen und Spaß haben darf und wir ganz ohne Druck Zeit miteinander verbringen können. (Pola, LTB 2)

Spannungen resultieren auch aus dem Changieren zwischen unterschiedlichen Rollen und Systembezügen, wenn Studierende z. B. im Rahmen von Hausaufgabenunterstützung einerseits aus der Perspektive der Kinder und Eltern Überforderung zu vermeiden suchen und die Zumutung schulischer Anforderungen kritisch reflektieren; andererseits vertreten sie als zukünftige Lehrkräfte auch die schulischen Normen und die damit verbundenen Lernzumutungen.

Wilhelmina beschäftigt sich z. B. lange damit, welchen Einfluss die Schule auf ihren Mentee hat:

> Ich hatte letzte Woche ein einschneidendes und unglaublich frustrierendes Erlebnis. Nachdem Ajdina in den vergangenen Wochen spürbar auftaute und in meiner Gegenwart immer öfter lächelte oder lachte und mich sogar teilweise von sich aus ansprach (was vorher noch NIE vorgekommen war), war meine Motivation für die Treffen wieder angestiegen. Letzte Woche aber sprach mich im Gang eine Lehrerin an, als ich gerade mit Ajdina zu ihrem Klassenraum ging. »Sind Sie ihr GEKOS?«, fragte mich die Lehrerin, »Haben Sie auch Gespräche mit der?« Ich war etwas verwirrt und erklärte, dass Ajdina durchaus mit mir kommuniziert, aber eben nur sehr kurze Sätze formuliert oder Ja-/Nein-Antworten gibt. Die Lehrerin redete dann in Ajdinas Gegenwart lautstark schlecht über sie und ihre große Schwester, die wohl noch stiller als Ajdina ist. Laut der Lehrerin hätte Ajdinas Schwester eindeutig eine »Störung« und »sowas gehört

> nicht hierher«... Von diesem Augenblick an hat Ajdina an dem Tag kein einziges Wort mehr mit mir geredet. Egal was ich gesagt oder gefragt habe, sie schwieg beharrlich und kommunizierte nur noch mit Nicken oder Kopfschütteln. Als ich sie fragte, ob die Frau ihr Angst gemacht hat und sie deshalb nicht mehr mit mir redet, schüttelte sie zwar den Kopf, aber anders kann ich mir ihren Verhaltensumschwung nicht erklären. Ich habe mich während des ganzen Treffens total über diesen Zwischenfall geärgert und bin sehr traurig, dass dieses Ereignis Ajdina scheinbar so einen Rückschlag versetzt hat. (Wilhelmina, LTB 4)

Sie erlebt in dieser Situation hautnah, wie es sich für ihren Mentee anfühlt, von der Lehrer*in als das nicht sprechende Kind adressiert zu werden. Die Situation lässt das Kind verstummen.

Im Spannungsfeld von Sehen und Gesehen werden

Die gegenseitige Wertschätzung, sowohl im Umgang mit dem Mentee als auch mit den Eltern, ist ein weiteres zentrales Thema der Studierenden in den Lerntagebüchern. Sie möchten sich als Personen, die sich um die Kinder kümmern, von den Eltern gesehen und wertgeschätzt fühlen. Wenn Eltern eines Mentees nicht offen auf sie zugehen, bewerten sie dies am Anfang häufig als Desinteresse. Diese Erfahrung macht auch Fabia zu Beginn des Projektes.

> Während ich beim Start Day noch das Gefühl hatte, die Eltern seien weniger interessiert an mir, entwickelte sich im Laufe der Wochen eine ganz andere Beziehung. Ich war an zwei Tagen nach dem Treffen noch mit in ihrer Wohnung. Dort haben wir uns gut unterhalten und ich wurde sehr nett umsorgt. Der Vater meines Mentees hat einige Probleme mit dem Institut, bei dem die Deutsch-Tests absolviert werden. Dabei konnte ich ihm helfen, worüber sich die Familie sehr gefreut hat. Den Vorschlag meines Mentees, dass ich bei ihnen einmal zum Essen vorbei-

1.4 Denk-, Handlungs- und Wahrnehmungsmuster verändern

> kommen könnte, fanden auch die Eltern schön und fragten mich sofort, ob es Dinge gibt, die ich nicht esse. Mit Reflexion auf das erste Aufeinandertreffen am Start Day denke ich, waren die Eltern einfach noch unsicher und wollten mich in einem ruhigeren Umfeld näher kennen lernen. (Fabia, LTB 1)

Fabia gelingt der Perspektivwechsel und sie kann sich das anfänglich als Desinteresse erlebte Verhalten der Eltern, das sie in ihrem ersten LTB dokumentiert, im Laufe der Zeit als Zurückhaltung erklären. Auch empirische Untersuchungen im Kontext der Zusammenarbeit von Lehrkräften und Eltern mit Migrationshintergrund zeigen, dass eine fehlende Kooperationsbereitschaft meistens nicht mit einem Desinteresse der Eltern zusammenhängt, wie die Studentin im obigen Beispiel vermutet, sondern darauf zurückgeführt werden kann, dass die Deutschkenntnisse der Eltern oftmals nicht ausreichen, was Verunsicherungen nach sich zieht (vgl. Boos-Nünning 2015: 2 f.).

Auch in ihren weiteren Lerntagebüchern wird sichtbar, dass das Thema *Kommunikation* ein wichtiges Lernfeld für Fabia ist. In ihrem vierten Lerntagebuch konstatiert Fabia, wie bedeutend die Kommunikation mit dem Kind ist, und stellt fest,

> ... dass wir einfach viel mehr darüber sprechen müssen, was wir vom anderen erwarten und was wir uns wünschen. (Fabia, LTB 4)

Sie fordert von Ayub nach einem misslungenen Kinobesuch (siehe Zitat unten) ein klärendes Gespräch und ist am Ende erstaunt darüber zu erfahren, wieviel Wertschätzung ihr Mentee ihr entgegenbringt:

> Eine Woche später nahm ich mir vor, die Sache anzusprechen und meinem Mentee zu erklären, wie blöd ich mich gefühlt habe. Das Gespräch lief viel besser als erwartet. Er fing direkt damit an, mir zu erklären, was er falsch gemacht hatte, und

> entschuldigte sich schließlich von sich aus ganz ehrlich bei mir. Ich habe einiges mit ihm besprochen, was mir wochenlang auf der Seele brannte und war am Ende richtig zufrieden mit unserer Aussprache. Ich habe ihm beispielsweise erklärt, dass ich nicht mehr weiß, was wir zusammen machen sollen, weil er immer so schnell von allem gelangweilt ist. Da sagte er zu mir, dass es ihm egal sei, was wir machen, denn die Hauptsache wäre, dass wir Zeit miteinander verbringen. Das hat mich richtig überrascht und auch sehr gefreut. Noch mehr überrascht war ich dann, als er mir vorschlug, zum Muttertag etwas zu basteln, da er sonst wenig Freude am Basteln und Malen zeigte und ich das daher eher gemieden habe. Zu sehen, dass er Einsicht zeigte und mir vermittelte, dass er mich gerne hat, war für mich ein ganz besonderer Schritt in unserer Beziehung. (Fabia, LTB 4)

Die konstruktive Klärung der Konfliktsituation durch das gemeinsame Gespräch mit Ayub macht ihr deutlich, dass ihr Mentee seine Grenzen austestet und tatsächlich auch Grenzen einfordert.

Die Reflexion ihrer eigenen Entwicklungsprozesse zeigt, dass sie die Reibungen mit ihrem Mentee für sich als Lerngewinn verbucht:

> Ich denke, ich habe gelernt, Probleme gezielter anzusprechen und auch, wie ich mit Enttäuschung umgehe. Dieser Zwischenfall im Kino war wirklich belastend für mich, ich habe jedoch auch viel davon mitgenommen, wie beispielsweise konsequenter zu sein, zu erklären, wie solche Dinge auf mich wirken, und auch zu überlegen, was wohl hinter dem Verhalten meines Mentees steckt. (Fabia, LTB 4)

1.4.3 Bildungsprozesse durch Herausforderungen

Durch diese *herausfordernden* Situationen können, wie das Beispiel von GeKOS zeigt, Bildungsprozesse ausgelöst werden, an deren Anfang zunächst eine irritierende Erfahrung oder Krisenerfahrung steht. Die Studierenden erleben Situationen, die sie mit ihren vertrauten Routinen und Mustern nicht mehr bearbeiten können. Sie haben mehrere Möglichkeiten damit umzugehen (vgl. auch Koller 2015: 27–29):

1. Sie können sich entziehen und die *Schuld* für die Irritation bei anderen suchen;
2. sie können die Irritation so umdeuten, dass sie ihre alten Muster wieder guten Gewissens einsetzen können; oder
3. sie überschreiten ihre Komfortzone und verändern ihre Wahrnehmungs-, Denk- und Handlungsmuster.

Zur wirksamen Bildungserfahrung wird die Herausforderung, wenn, wie unter drittens geschildert, neue unbekannte Handlungsmuster gewagt werden. Nicht die Anwendung bekannter Routinen und Muster, sondern die gemeinsame Entwicklung von Lösungen durch Mentor*in und Mentee oder weitere Beteiligte (z.B. die Eltern) kann transformative Bildungsprozesse auslösen und die Entwicklung neuer, reflexiver Muster hervorrufen und kulturalisierende Stereotype aufbrechen. Diese Entwicklung trägt zur Professionalisierung bei, weil meistens zugleich antinomische Spannungsfelder bearbeitet werden. Diese Prozesse erfordern davon Abstand zu nehmen, als Lehrperson alleine Lösungen für komplexe Fragen entwickeln zu müssen. Eigene *Befremdungserfahrungen* können nicht nur zur Reflexion genutzt werden, sondern auch dafür, mit allen Beteiligten kooperativ Lösungen für komplexe Fragen zu entwickeln und dabei die *social bonds* und *social bridges* in Erfahrung zu bringen und einzubeziehen.

Gelungene inklusive Prozesse führen damit, so El-Maafalani (2018: 79), nicht zu weniger Konflikten, sondern zu mehr. Das Konfliktpotential erhöht sich, weil

> »Inklusion, Gleichberechtigung oder eine Verbesserung der Teilhabechancen nicht zu einer Homogenisierung der Lebensweisen, sondern zu einer Heterogenisierung, nicht zu mehr Harmonie, sondern zu mehr Dissonanz und Neuaushandlung führen.«

Diese Erfahrungen machen auch einige Studierende im Projekt Ge-KOS und lernen, Konflikte mit ihrem Mentee offen anzusprechen und zu lösen (z. B. Fabia). Das hat im zitierten Fallbeispiel eine überraschende Folge: Die Studentin erfährt von der großen Wertschätzung ihres Mentees. Der Konflikt wird für sie zum Erkenntnisgewinn.

1.5 Wohlbefinden, Inklusion und Migration – Schlussgedanken

Schulische Inklusionsprozesse im Kontext von Migration sind komplex und gelingen besser, wenn sie im Zusammenspiel von *sozialen, kulturellen und sprachlichen* Bedingungsfaktoren ermöglicht werden. Sie erfordern die Offenheit der Aufnahmegesellschaft für Partizipation und Modifikation des gemeinsamen Lebens in der Schule und in der Gesellschaft. So zeigen unterschiedliche Forschungsergebnisse, dass die Bereitschaft für wechselseitige Lern- und Bildungsprozesse bedeutend ist und das Zusammendenken sozio-kultureller, religiöser und sprachlicher Faktoren dafür notwendig ist. Den Peer- und Freundschaftsnetzen kommt dabei eine besondere Bedeutung zu (▶ Kap. 3).

Folgende Faktoren werden zusammenfassend als elementar für die Entstehung von Teilhabegerechtigkeit hervorgehoben:

1.5 Wohlbefinden, Inklusion und Migration – Schlussgedanken

1. Die Einbindung und Wertschätzung von *social bonds* und *social bridges* genauso wie von neu herausgebildeten transnationalen Identitäten.
   Social bonds geben Sicherheit und Schutz durch intraethnische Kontakte; *social bridges* durch interethnische Peer- und Freundschaftskontakte. Untersuchungen zum Wohlbefinden von Kindern bestätigen die enorme Bedeutung des peerkulturellen Eingebundenseins (▶ Kap. 3) genauso wie die familiäre Verwobenheit in Familienbeziehungen im Aufnahmeland wie im Herkunftsland. Neue transnationale Identitäten entstehen auf diese Weise und bedürfen der Wertschätzung und Anerkennung.
2. Sensibilisierung der Lehrkräfte und Lehramtsstudierenden für antidiskriminierendes Sprechen.
   Der Einsatz von Mehrsprachigkeitskonzepten, bildungssprachlich und fachsprachlich ausgerichtetem Unterricht ist bedeutend in Kombination mit der *Reflexion sprachlicher Adressierungspraktiken*, mit denen Schüler*innen Positionierungen, z. B. als Kinder mit Ressourcen oder Kinder mit Defiziten, zugewiesen werden (▶ Kap. 4).
3. Reflexion von Denk-, Handlungs- und Wahrnehmungsmustern.
   Zur Entstehung professioneller Handlungsmuster im Umgang mit Diversität ist die reflexive Auseinandersetzung mit Fremdheitserfahrungen und eigenen impliziten, normativen Stereotypen erforderlich: in der Schule z. B. in schulinternen *Fall- oder Supervisionsgruppen*; im universitären Kontext z. B. in projektbegleiteten Coaching-, Supervisions- oder Fallgruppen.

Denn Herausforderungen ergeben sich nicht nur für neu zugewanderte Kinder und Familien mit Migrationsgeschichte, sondern auch für die *einheimischen* Lehrkräfte und Studierenden. Sichtbar wird, dass in der pädagogischen Handlungspraxis antinomische Spannungsfelder eingelagert sind, die keine eindeutigen und linearen Handlungen nach sich ziehen, sondern Aktivitäten erfordern, die gemeinsam von Lehrkräften, Kindern (und Eltern) eigenverantwortlich und auf die Situation zugeschnitten entwickelt werden.

> **Weiterführende Anregungen und Hinweise für die pädagogische Praxis**
>
> Foitzik, A./Holland-Cunz, M./Riecke, C. (2019): Praxisbuch Diskriminierungskritische Schule. Weinheim und Basel: Beltz Verlag.
>
> Brzezinski, S. (2018): Praxishandbuch Antidiskriminierungsarbeit. Diskriminierung erkennen und handeln. Online: https://awo-fachdienste-migration.de/files/awo_praxishandbuch_antidiskriminierungsarbeit_diskriminierung_erkennen_und_handeln.pdf [Zugriff 21.01.2021].
>
> Antidiskriminierungsstelle des Bundes (2018): Diskriminierung an Schulen erkennen und vermeiden. Praxisleitfaden zum Abbau von Diskriminierung in der Schule. Online: https://www.antidiskriminierungsstelle.de/SharedDocs/Aktuelles/DE/2018/Schulleitfaden_Diskriminierung_20180223.html [Zugriff 21.01.2021].

Literatur

Ager, A./Strang, A. (2004): Indicators of Integration: Final Report. London: UK HomeOffice, Development and Practice Report 28.

Andresen, S. (2018): Child Well Being im Schnittfeld von Forschung und Politik. Versuch einer Typologie. In: Betz, T./Bollig, S./Joss, M./Neumann, S. (Hrsg.): Gute Kindheit. Wohlbefinden, Kindeswohl und Ungleichheit. Weinheim und Basel: Beltz Juventa, 70–84.

Bauer, T. (2011): Kultur der Ambiguität. Eine andere Geschichte des Islams. Berlin: Verlag der WELTRELIGIONEN.

Betz, T. (2018): Child Well Being. Konstruktionen ›guter Kindheit‹ in der (inter-)nationalen indikatorengestützten Sozialberichterstattung über Kinder. In: Betz, T./Bollig, S./Joss, M./Neumann, S. (Hrsg.): Gute Kindheit. Wohlbefinden, Kindeswohl und Ungleichheit. Weinheim und Basel: Beltz Juventa, 49–70.

de Boer, H./Braß, B./Falmann, P. (2021): Abschlussbericht GeKOS – Gemeinsam entdecken Kinder ihren Ort mit Studierenden. Ein Mentoring-Projekt für Kinder mit Fluchtgeschichte und Studierende. Abschlussbericht. Online verfügbar: https://www.uni-koblenz-landau.de/de/koblenz/fb1/gpko/team/heike-deboer [Zugriff: 10.03.21].

de Boer, H./Falmann, P. (2021): »Das ist Meine« – Erfahrungen und Spannungsfelder aus dem Mentoring-Projekt GeKOS. Theorie, Praxis, Reflexion. In: Berkel-Otto, L./Peuschel, K./Steinmetz, S. (2021): Theorie-Praxis-Verzahnung in der Lehrkräftebildung. Münster: Waxmann, 101–124.

Bundesministerium für Bildung und Forschung (BMBF) (2012): Nationaler Aktionsplan Integration. http://www.bundesregierung.de/Content/DE/_Anlagen/IB/201201-31-nap-gesamt-barrierefrei.pdf?__blob=publicationFile [Zugriff: 20.04.2020].

Dirim, I./Mecheril, P. (2018): Machtreflexiv und differenzfreundlich: Schulische Bildung – Einführung. In: dieselben: Heterogenität, Sprache(n), Bildung. Bad Heilbrunn: Verlag Julius Klinkhardt, 199–226.

Fattore, T./Mason, J./Watson, E. (2017): Children's Understandings of Well-Being. Towards a Child Standpoint. Children's Well-Being, Band 14. Dordrecht: Springer Netherland.

Gomolla, M./Schwendowius, D./Kollender, E. (2016): Qualitätsentwicklung von Schulen in der Einwanderungsgesellschaft: Evaluation der Lehrerfortbildung zur interkulturellen Koordination (2012–2014). Veranstaltet vom Landesinstitut für Lehrerbildung und Schulentwicklung (LI) Hamburg in Kooperation mit dem Projekt ›Beratung, Qualifizierung, Migration‹ (BQM). Hamburger Beiträge zur Erziehungs- und Sozialwissenschaft, Heft 16. Hamburg: HSU (Auch als Online-Publikation im Internet verfügbar unter: http://edoc.sub.uni-hamburg.de/hsu/volltexte/2016/3139/ [Zugriff: 20.04.2020]).

Helsper, W. (2014): Lehrerprofessionalität – der strukturtheoretische Professionsansatz zum Lehrberuf. In: Terhart, E./Bennewitz, H./Rothland, M. (Hrsg.): Handbuch der Forschung zum Lehrerberuf (2. Aufl.). Münster und New York: Waxmann, 216–240.

Huxel, K. (2019): Der Einbezug von Mehrsprachigkeit als Teil einer diskriminierungskritischen, diversitätssensiblen Schulentwicklung. In: Zeitschrift für Didaktik der Literaturwissenschaft. 4 (1–2), 68–80.

Kämpfe, K. (2018): Kindheiten in europäischen Migrationsgesellschaften. Orientierungen von Kindern im Kontext von Migration und Differenz. Wiesbaden: VS Springer Verlag.

Karakaşoğlu, Y./Mecheril, P. (2019): Pädagogisches Können. Grundsätzliche Überlegungen zu LehrerInnenbildung in der Migrationsgesellschaft (17–33). In: Cerny, D./Oberlechner, M. (Hrsg.): Schule – Gesellschaft – Migration. Opladen, Berlin und Toronto: Barbara Budrich.

King, R./Lulle, A. (2016): Research on Migration: Facing Realities and Maximizing Opportunities. A Policy Review. European Commission, 68. https://www.researchgate.net/publication/299387596 [Zugriff: 20.04.2020].

Koller, H. (2015): Probleme und Perspektiven einer Theorie transformatorischer Bildungsprozesse. In: Fischer, H-J. et al. (Hrsg.): Bildung im und durch Sachunterricht. Bad Heilbronn: Klinkhardt, 25–38.

Lange, I. (2018): MIKS – ein inklusives Professionalisierungs- und Schulentwicklungskonzept im Handlungsfeld Mehrsprachigkeit. In: QfI – Qualifizierung für Inklusion. Online-Zeitschrift zur Forschung über Aus-, Fort- und Weiterbildung pädagogischer Fachkräfte, Bd. 1, Nr. 1.

El-Mafaalani, A. (2018): Das Integrationsparadox. Warum gelungene Integration zu mehr Konflikten führt. Köln.

Maywald, J./Wiemert, H. (2016): »Ich empfehle, den Begriff Flüchtlingskind einem Kind nicht wie einen Stempel aufzudrücken« (Interview). Jugendhilfe-Report Köln 10 (1), 7–11.

Mecheril, P. (2002): Weder differenzblind noch differenzfixiert. Für einen reflexiven und kontextspezifischen Gebrauch von Begriffen. In: IDA-NRW. Überblick 4/2002, Jg. 8, 10–16. http://www.ida-nrw.de/html/Ueberblick_4_02.pdf [Zugriff: 20.04.2020].

Ministerium für Bildung, Wissenschaft, Weiterbildung und Kultur (MBWWK) (2015): Unterricht von Schülerinnen und Schülern mit Migrationshintergrund. http://migration.bildung-rp.de/fileadmin/user_upload/migration.bildungrp.de/geaenderte_VV_Unterricht_von_Schuelerinnen_und_Schuelern_mit_Migrationshintergrund_September_2015.pdf [Zugriff: 20.04.2020].

Stifterverband für die deutsche Wissenschaft e. V. (2020): Lehrkräftebildung für die Schule der Vielfalt. Eine Handreichung des Netzwerks Stark durch Diversität.

2

»Bisschen mit Bus, bisschen mit Zug.« Zugänge der Kindheitsforschung zum Themenfeld Flucht

Sabine Andresen

2.1 Einleitung

»Bisschen mit Bus, bisschen mit Zug«, so beschreibt ein zwölfjähriger Junge seinen Weg aus dem Kosovo nach Deutschland. Dazwischen seien er und seine Familie auch gelaufen und er habe öfter Hunger und Durst gehabt.[1] Interviews mit Kindern, die bereits schwierige Situationen, Abschiede, Beziehungsabbrüche oder lange Trennungen, Angst um ihr Leben, Gewalt hinter sich haben, gehören selten zu den Routinen von Kindheitsforscher*innen und es können zuweilen ambivalente Situationen entstehen. Shirin[2], ein Mädchen aus dem Iran, berichtet im Interview von Erfahrungen der Unsicherheit im Erstaufnahmelager: »Da war so ein Mädchen, die war komisch, schon fast verrückt. Die hat mich immer geschlagen und angeschrien.« Shirin hatte im Erstaufnahmelager niemanden außer ihrer Mutter, an den oder die sie sich wenden konnte mit dieser Problematik. Diese Erfahrung von Shirin führt vor Augen, wie wenig Möglichkeiten Menschen auf der Flucht haben, über diejenigen Menschen, mit denen sie zusammenkommen, zu entscheiden (World Vision 2016: 49). Der zehnjährige Jakob, der mit seiner Familie nur eine Duldung zum Zeitpunkt des Interviews hatte, erzählt, dass er nach wie vor »mit Stress schlafe«. Dies starke Bild des Kindes für seinen Verarbeitungsmodus des Erlebten einerseits und die Angst angesichts des ungesicherten Aufenthaltsstatus seiner Familie andererseits prägen die Interviewsituation. Das Kind lebt im Modus der Unsicherheit und es weiß um die Gefahr einer Abschiebung, die auch zum Zeitpunkt des Interviews sehr konkret war.

Es sind existenzielle Themen, die die Forschungssituation teilweise prägen und Fremdheit verstärken können. Das ist der Ausgangspunkt dieses Beitrags. Ich möchte dafür sensibilisieren, dass Vorstellungskraft in der Kindheitsforschung wichtig ist und nahezu unverzichtbar, um sich der Thematik Kinder und Erfahrungen mit Flucht zu nähern. Der folgende Abschnitt wird diesen Gedankengang skizzieren. Darauf bezogen wird im Folgeabschnitt eine Stu-

---

1 Eines der Interviews mit Kindern, die für die Studie »Angekommen in Deutschland« (World Vision 2016) durchgeführt wurden.
2 Alle Namen wurden pseudonymisiert.

die vorgestellt, in der Kinder mit Fluchterfahrung und ihre Eindrücke und Erlebnisse im Zentrum stehen (World Vision 2016). Im abschließenden Abschnitt geht es um ein Resümee über Flucht als Thematik der Kindheitsforschung.

2.2 Vorstellungskraft als Zugang in der Kindheitsforschung

Zu Beginn des qualitativen Interviews mit der zehnjährigen Kabira, die mit ihrer Mutter und drei Geschwistern aus Syrien geflüchtet ist, erläutert die Interviewerin die verschiedenen erzählgenerierenden Elemente, die dabei helfen sollen, ins Gespräch zu kommen: Die Life Line Methode, Memorykarten und die Netzwerkmethode (World Vision 2016). Für Letztere stehen u. a. Bausteine und Holzfiguren zur Verfügung, mit deren Hilfe Kinder Orte und Menschen, die zu ihrem individuellen Netzwerk gehören, darstellen. Zur Netzwerkmethode, mit der das Mädchen beginnen möchte, erklärt die Interviewerin Kabira, dass sie »etwas« hier in Deutschland oder aber in Syrien, von wo sie komme, aufbauen könne. »Dein Zuhause oder die Schule dort. Was du möchtest.« Das Kind nimmt mehrere Steine und erzählt von einem »schönen Berg«, von dem sich im Verlauf der Erzählung und des Aufbaus herausstellt, dass es sich um eine Art Markt handelt, und zwar im »Mittzentrum Damaskus«.

Zum Zeitpunkt des Interviews war Syrien stark unter Beschuss, auch Damaskus von Zerstörung und Gewalt betroffen, insofern wirkt die Aufforderung, »Du könntest auch etwas aufbauen in Syrien. Dein Zuhause oder die Schule dort« möglicherweise absurd. Dies scheint die Interviewerin im Verlauf der Interaktion zu realisieren. Sie bestärkt das Mädchen umso mehr und ermutigt es durch Kommentare wie: »Das ist schön« oder »Toll, magst du das weiterbauen?«. Zweimal betont Kabira, sich nicht genau erinnern

47

zu können, bevor sie schließlich ihre Unsicherheit thematisiert: »Ich weiß nicht, ob das jetzt kaputt ist, oder nicht«.

Mit dieser Interviewpassage soll keineswegs die Forscherin vorgeführt, gar beschämt werden, sie hat wie alle Interviewerinnen im Team der Studie *Ankommen in Deutschland* (World Vision 2016) wunderbare Interviews mit Kindern und Jugendlichen geführt. Es geht mir hier eingangs um eine Sensibilisierung für die Bedeutung von Vorstellungskraft in Forschungsprozessen und Erhebungssituationen. Diese ist besonders dann herausforderungsvoll, wenn gleich mehrere Differenzerfahrungen durch den Forschungsgegenstand mit hervorgebracht werden, die Differenz zwischen Kind und Erwachsenen in der generationalen Ordnung, zwischen Menschen mit und ohne Fluchterfahrung oder zwischen Menschen in privilegierten und in Armutslagen.

Die Bedeutung von Differenz lässt sich anhand von Erhebungssituationen rekonstruieren. Das ist in der sozialwissenschaftlichen Kindheitsforschung durchaus Gegenstand der Reflexion und auch in erziehungswissenschaftlichen Perspektiven durch die Problematisierung von Asymmetrien thematisch virulent. Die jeweilige Vorstellungskraft aufseiten der Forschung und in Person des*r Forscher*in gestaltet den Umgang mit Differenz mit. Das wird augenfällig, wenn die Methodologie durch eine spezifische Nähe gekennzeichnet ist. Darin liegt das Potenzial qualitativer Forschung, aber auch die Gefahr, in der Situation zu scheitern. Doch auch Fragebogenerhebungen – um auf ein in der Kindheitsforschung häufig angewendetes quantitatives Design zu verweisen – sind nicht neutral im Sinne eindeutiger Distanz oder unabhängig von Erfahrungs- und Vorstellungswelten derjenigen, die den Fragebogen ausfüllen, und den jeweils relevanten Differenzen.

Dem Begriff der Vorstellungskraft und der darauf bezogenen Fähigkeit kann man sich auch über den Begriff der Phantasie nähern. Er hat eine lange philosophische Tradition. Phantasie wurde in der antiken griechischen Philosophie als Erscheinen/Erscheinung verstanden und bei Aristoteles mit Erkenntnisvermögen verbunden (Camassa et al. 2019; Ritter et al. 2019). Für Aristoteles ist

2.2 Vorstellungskraft als Zugang in der Kindheitsforschung

Phantasie das Vermögen, etwas zur Erscheinung zu bringen, als Vorstellung im Prozess des Denkens, als Gedächtnisbild beim Erinnern oder als Traumbild im Schlaf. Demnach geht es um das Vermögen der Vorstellung von Bildern, auch ohne direkte Sinneskraft. Das ist Kabira mithilfe der Netzwerkmethode gelungen und so entsteht ein Zugang – auch zur Analyse der Narrative von Kindern mit Fluchterfahrung.

Im Rahmen dieses Beitrags kann ich nicht auf historische Deutungen von Phantasie näher eingehen, auch nicht auf die wechselvollen Zuschreibungen, aber es scheint eine Kontinuität interessant, denn Phantasie ebenso wie später Vorstellungs- und Einbildungskraft werden im Modus der Differenz relevant gemacht. Unterschieden wird etwa zwischen dem Vermögen des Menschen im Unterschied zum Tier, dem Wahren und dem Irrtum, dem Denken und der Sinneswahrnehmung oder zwischen Verstand und Emotion. Ich möchte darauf verweisen, dass für Annäherungen der Kindheitsforschung an Themen, in denen das Vulnerable von Kindern aufgrund der Umstände besonders hervortritt, die Literatur einen sehr guten Zugang bietet. In der konzeptionellen Vorbereitung der Studie *Angekommen in Deutschland. Wenn geflüchtete Kinder erzählen* (World Vision 2016) habe ich mich der Vorstellungskraft über einen Zugang zu Flucht aus der Kinderperspektive mithilfe der Literatur zu nähern versucht. Literatur verfügt über eine Sprache, die Annäherungen und damit Vorstellungskraft über subjektive Erfahrungen von geflüchteten Kindern entfalten lässt. Sie eröffnet Spielräume, sich das Erleben vorstellen zu können, und sie bietet für die Forscherin, die schließlich empirisch vorgehen möchte, wichtige Anknüpfungspunkte und Bilder (unabhängig von der Sinneswahrnehmung) für das Design. Potenzial liegt besonders in der autobiographisch literarischen Verarbeitung von Fluchterlebnissen.[3]

---

3 Siehe zum Beispiel die Bücher von Saša Stanišić oder von Agota Kristof.

Ein Aspekt, der mir in den autobiographisch angelegten Schriften von Autor*innen mit Fluchterfahrungen aufgefallen ist, sind die Schilderungen von ersten Eindrücken in einem Ankunftsland. Dieser Spur lässt sich auch in den Interviews mit Kindern nachgehen. Mit den ihnen jeweils zur Verfügung stehenden sprachlichen Möglichkeiten gehen Kinder auf ihre ersten Eindrücke ein. Dabei scheint auch von Bedeutung, wie sie den Fluchtweg erlebt und hinter sich gebracht haben, was sich auch im Zitat aus der Überschrift andeutet. Kabira hat das Mittelmeer überwinden müssen und erzählt, mit welchen Gefühlen und Eindrücken sie vom Schiff gestiegen ist:

> »Als wir endlich mit dem Schiff in Italien angekommen waren, hatten meine Geschwister, meine Mutter und ich solchen Hunger! Wir haben dort meinen Papa wieder getroffen und er hat uns erstmal Hühnchen gekauft, das haben wir uns mit den Händen in den Mund rein geschaufelt, solchen Hunger hatten wir« (World Vision 2016: 51).

Hunger und Entbehrung treten in dieser kurzen Interviewpassage markant hervor, aber auch das Wiedersehen der voneinander getrennten Familienmitglieder. Kabira zeigt auf, dass sie von jemandem empfangen wurde, der sich bereits auskannte, denn der Vater hat ihnen etwas zu essen besorgt.

Den Blick zu weiten und Vorstellungskraft zu entwickeln kann also über Literatur, autobiographische Schriften, philosophische Analysen, aber auch über empirische, komparative Studien möglich werden. Gerade ein Vergleich öffnet für *etwas Drittes* und kann zu einer produktiven Irritation beitragen. Die vergleichende Perspektive kann sich sowohl entlang von Differenzkategorien innerhalb etwa eines Landes, einer Kommune oder aber zwischen Biographien, Ländern, Familien beziehen. Diese Erfahrungen eines die Vorstellungskraft weitenden Umgangs mit Differenz in der Kindheitsforschung habe ich durch den internationalen Vergleich machen können. Hier sind insbesondere die Erfahrungen mit der globalen Studie *Children's Worlds* hilfreich und für Erkenntnisse über Flucht im Rahmen der Kindheitsforschung aufschlussreich (Andresen/Wilmes/Möller 2019). Durch diese Studie erhält man zudem Kontextwissen über den Kinderalltag in anderen Weltregionen (Rees/Main 2015).[4]

2.3 Flucht als Forschungsgegenstand der Kindheitsforschung – Annäherungen über Interviews mit Kindern

Auf Flucht und Migration kann man in der Kindheitsforschung aus verschiedenen Perspektiven blicken. Hier soll auf eine Untersuchung eingegangen werden, nämlich wie über Flucht aus der Perspektive von Kindern mit Fluchterfahrungen wie Kabira berichtet wird. Ein anderer Zugang liegt in der Befragung von Kindern in Deutschland, wie sie den Diskurs über Flucht wahrnehmen oder ihre Erfahrungen mit geflüchteten Kindern etwa in der Schule einordnen. So wurde genau darauf in der vierten World Vision Kinderstudie (World Vision 2018) ein Schwerpunkt gelegt. In dieser wurden Kinder in Deutschland und mehrheitlich ohne Fluchterfahrung befragt. Ein Viertel der 2.500 Sechs- bis Elfjährigen hatte einen Migrationshintergrund. Aber Fragen nach Fluchterfahrung und Migrationshintergrund erfassen Unterschiedliches.

Mit einem systematischen Aspekt hat sich die Kindheitsforschung früh befasst, nämlich mit dem Subjektstatus des Kindes als Kind. In der Zuschreibung nationaler, ethnischer oder religiöser

---

4 Siehe die Website des Projekts: https://isciweb.org/?CategoryID=157 [Zugriff: 31.5.2020]. Pis Sabine Andresen, Germany, Asher Ben-Arieh, Israel, Jonathan Bradshaw, UK, Ferran Casas, Spain, Bong Jo Lee, South Corea, Gwyther Rees, UK.

Zugehörigkeit als Subjekt nicht wahrgenommen zu werden, trifft nämlich Kinder im besonderen Maße (Andresen 2015). Kinder verfügen in der Regel noch weniger als Erwachsene über Eingriffsmöglichkeiten – beispielsweise in ein politisches Geschehen – und nach wie vor wird ihnen »das Recht auf Rechte« (Arendt 1943) trotz der Anerkennung der UN-Kinderrechtskonvention vielfach abgesprochen. Insofern trifft die Ausblendung individueller Geschichten im gesellschaftlichen Narrativ über Flucht und Geflüchtete in Europa im besonderen Maße auf Heranwachsende zu. Geflüchtete Kinder sind nach wie vor zu wenig im Blick, sie werden subsummiert unter die gesamte geflüchtete Familie (▶ Einleitung). Darum liegt darin die Herausforderung für die Kindheitsforschung, nämlich für diese subjektive Perspektive von Kindern wachsam zu sein und ihr zu einer Sprache zu verhelfen. Dies war auch der Ansatzpunkt in der Studie *Angekommen in Deutschland*.

Anlass für diese Studie war die Beobachtung, dass Rechte, Bedürfnisse und Interessen von geflüchteten Kindern in den großen Diskussionen seit 2015 kaum im Blick waren. Wenn es um junge Menschen ging, dann vornehmlich um unbegleitete Minderjährige. In Kooperation mit der Hoffnungsträger Stiftung hat World Vision Deutschland e. V. ein Forscherinnenteam der Goethe-Universität Frankfurt und dem UKE Hamburg mit der wissenschaftlichen Begleitung beauftragt. Ziel war, eine Erhebung mit geflüchteten Kindern zu realisieren und Kindern Räume für Gespräche zu eröffnen. Dabei sollte auch versucht werden, mit sehr belasteten, traumatisierten Kindern Interviews zu führen, wofür der Kontakt zur Flüchtlingsambulanz am UKE sehr hilfreich war. Befragt wurden Kinder zwischen zehn und dreizehn Jahren. Die Anfragen für Interviews erfolgten theoriegeleitet und kontrastiv. Das heißt, es sollten Jungen und Mädchen, Kinder aus unterschiedlichen Weltregionen bezogen auf den Anteil Geflüchteter aus zentralen Herkunftsländern, verschiedenen Familientypen sowie Aufenthaltsstatus angefragt werden. Manche Interviews wurden mit Unterstützung einer Muttersprachlerin geführt und allen Interviews ging ein freizeitpädagogischer Kennenlerntag voraus

2.3 Flucht als Forschungsgegenstand der Kindheitsforschung

(World Vision 2016: 17 ff.). Die Herkunftsländer der neun portraitierten Kinder waren Serbien, Kosovo, Syrien, Afghanistan, Iran und Eritrea.

Den Kindern sollte die Möglichkeit gegeben werden, über Vergangenheit, Gegenwart und Zukunft zu sprechen, und dafür kamen drei sehr anschauliche Methoden zum Einsatz. Erstens die Netzwerkmethode, die in den World Vision Kinderstudien für die qualitativen Interviews entwickelt wurde (World Vision 2007) und in der die Kinder mithilfe von Holzblöcken und Figuren für sie zentrale Orte aufbauen und dabei über diese Orte und Menschen etwas erzählen. Zweitens die eigentlich klinisch und vor allem in der Traumatherapie eingesetzte *Life-Line-Methode* (Klasen/Bayer 2009). Diese ermöglicht es den Kindern über Smileys, Steine, Blumen oder andere haptische Gegenstände die schönen und die schweren Momente im Leben auf einer Schnur anzuordnen, um dann ebenfalls darüber ins Gespräch zu kommen. Sowie drittens die Memory-Methode, die Kindern anbietet, aus verschiedenen Memorykarten diejenigen auszuwählen und etwas zu erzählen, die für sie von Bedeutung sind (Andresen/Galic 2015).

Die Analyse der Interviews mit Geflüchteten erfolgte vor dem Hintergrund eines kindheitstheoretischen Konzeptes, das sich darauf beruft, die subjektive Perspektive von Kindern möglichst in ihrer Komplexität erfassen zu können. Herangezogen wurde dafür auch das multidimensional angelegte Konzept von Child Well-Being.

Ausgehend von der Sensibilisierung durch literarische Texte im Sinne der Vorstellungskraft, wurde für die Auswertung der Interviews eine Heuristik entwickelt. Sechs Themen waren für die Auswertung zentral:

- Erinnerungen und Verluste
- Familie und Freund*innen (Beziehungen)
- Bildung und Sprache
- Sicherheit und Schutz
- Gesundheitliche, soziale und materielle Versorgung
- Privatsphäre und Selbstbestimmung.

Die Studie zielte also auf das Sichtbarmachen der Erlebnisse, Eindrücke und Einzelschicksale von geflüchteten Kindern. Kindheitstheoretisch ging es damit um die Entfaltung des Verhältnisses zwischen Ressourcen von Kindern, nach ihren Fähigkeiten zu handeln und Entscheidungen zu treffen, also auch autonom zu sein, und um ihre Verletzlichkeit, weil sie im besonderen Maße von fürsorglichen und kompetenten Erwachsenen und angemessenen Rahmenbedingungen abhängig sind. Kinder gehören vermutlich überall in der Welt aufgrund ihrer *Rangordnung* im Generationenverhältnis, aber besonders in Krisenzeiten und Krisengebieten zu den besonders vulnerablen Gruppen, weil sie aufgrund ihrer Abhängigkeit von Versorgung, Fürsorge, Pflege, Schutz und der Gewährung von Bildung und Teilhabe auf willige Erwachsene und geeignete soziale Rahmenbedingungen angewiesen sind (Andresen 2015).

In dieser Spannung zwischen dem Wissen um prinzipielle Ressourcen der Kinder und ihrer Angewiesenheit und Verletzlichkeit ist zu klären, wie Kinder unter so extremen Bedingungen einer Flucht ihre Welt ordnen und wie sie versuchen, den Ereignissen Sinn zu verleihen. Im Rahmen dieses Beitrags soll nur auf eine Thematik das Augenmerk gerichtet werden, weil Familie und Freunde in nahezu allen Studien der Kindheitsforschung eine Rolle spielen und die Qualität der Beziehungen eine zentrale Dimension von Child Well-Being (World Vision 2018) ist. Es geht folglich in diesem Analyseauszug auch um den Blick auf systematisch Ähnliches zwischen Kindern mit und ohne Fluchterfahrung und um die Sensibilisierung für eine Verstärkung der Vulnerabilität und Abhängigkeit des Kindes als Kind durch Fluchterfahrungen.

Was also wurde unter dieser Thematik anhand der neun Interviews ausgewertet?[5] Familie und Freund*innen bilden eine zentrale Dimension im Alltag von Kindern. Gute Beziehungen tragen erheblich zum Wohlbefinden bei, ebenso wie der Mangel daran Kinder besonders verletzlich macht.

---

5 Ich beziehe mich hier maßgeblich auf World Vision 2016: 44 ff.

2.3 Flucht als Forschungsgegenstand der Kindheitsforschung

2.3.1 Zur Bedeutung der Familie

In den Interviews berichteten die Kinder ausführlich über ihre Familie oder über einzelne Angehörige, zum Beispiel über diejenigen, die sie seit der Flucht nicht mehr gesehen haben. Für die geflüchteten Kinder ist die Familie der erste und wichtigste Ort, weil die Familie ihnen auch in der Fremde vielfach Halt und Sicherheit sowie bekannte Strukturen mit verlässlichen Bezugspersonen bietet. Doch die Kinder unterscheiden zwischen der Familie, die sie *vor* der Flucht erlebt haben, und der Familie, mit der sie *nach* der Flucht in Deutschland anzukommen versuchen. Das hat vielfältige Ursachen, insbesondere sticht heraus, dass die Familie in Deutschland oft nicht mehr als vollständig erlebt wird. Manchmal fehlt der Vater – zum Beispiel nach der Trennung der Eltern im Ankunftsland wie im Fall von Kabira – oder aber es ist schwierig, den Kontakt zu den Großeltern im Herkunftsland zu halten.

Kaum anders als bei Kindern, die keine Fluchterfahrung haben, werden Feste oder besondere Ereignisse vor allem über Fotografien erinnert. Sind sie auch nach der Flucht vorhanden, so bieten sie Kindern Anknüpfungspunkte an ihre Erinnerungen, aber sie öffnen auch den Raum, Verluste zu thematisieren. So erzählt etwa der zwölfjährige Halbwaise Edgar, der mit seiner Mutter und mehreren Geschwistern aus dem Kosovo geflüchtet ist: »Zu meinem Geburtstag hat meine Mutter im Kosovo eine große Torte gekauft und alle meine Freunde eingeladen. Ich habe davon noch ein Foto als Erinnerung.« Die schönen Erinnerungen an große Feste im Familienkreis im Herkunftsland werden folglich auch von Verlusten von Familienmitgliedern und Beziehungsunterbrechungen überschattet: Viele der Kinder haben den Kontakt zu Familienangehörigen wegen oder während der Flucht verloren. Ein Mädchen, das aus Eritrea geflüchtet ist, vermisst die Großmutter, die noch in Eritrea lebt. Die Entfernung wirkt in den Beschreibungen schwer überbrückbar, weil Besuche kaum realisiert werden können und Kontakt vor allem über Telefon und Internet gehalten wird: »Ich würde meine Oma gerne öfter sehen und ich wünsche mir, dass sie bald einmal nach Deutschland kommen kann. Immerhin können wir ab und zu mal telefonieren.« Solche Zitate deuten an, dass Familie aus der Sicht von Kindern mit Fluchterfahrung im Ankunftsland meist deutlich kleiner ist als im Herkunftsland und vertraute Beziehungen sich verändern. Die von uns interviewten Kinder haben nach der Flucht eine geographisch weit zerstreute Familie, deren Familienmitglieder nur geringe Handlungsspielräume haben, daran etwas zu ändern. So korrespondiert die Sehnsucht von Josephina, dem Mädchen aus Eritrea, nach der Großmutter und einem stabilen Kontakt zu ihr mit den grundlegenden gesellschaftspolitischen Fragen der Bedeutung des Familiennachzugs für eine gelingende Integration.

Verluste und Beziehungsabbrüche gehören in den Interviews folglich zu den Themen der Kinder. Dies ist dann besonders belastend, wenn ein nahes Familienmitglied unterwegs zurückgelassen werden musste und noch in einem anderen Land oder Aufnahmelager ist. Meist vermeiden die von uns interviewten Kinder eine explizite Thematisierung ihrer Angst, ein Familienmitglied endgültig zu verlieren. Shirin aus dem Iran lebt alleine mit ihrer Mutter in Deutschland und sie beide scheinen auch allein die Flucht hinter sich gebracht zu haben. Sie möchte aber nicht erzählen, wo sich ihr Vater zum Zeitpunkt des Interviews befindet bzw. was aus ihm geworden ist. Ob er noch am Leben ist, ob er der Verfolgung der Christen im Iran zum Opfer gefallen ist oder ob sich die Eltern getrennt haben und das Kind darüber nicht sprechen möchte, bleibt unklar. Für die Analyse von Interviews in der Kindheitsforschung bedeutet dies, eine Sprache für das Fragmentierte in Erzählungen zu entwickeln, die Fragilität von Beziehungen zu beachten und Kriterien der Qualität von Beziehungen kritisch zu prüfen.

Oft werden Familien durch die Flucht getrennt und später wieder zusammengeführt. Edgar, der Zwölfjährige aus dem Kosovo, erzählt von einem solchen Erlebnis:

>»Meine älteren Brüder sind zuerst alleine weggegangen aus dem Kosovo. Als sie Deutschland erreicht hatten, haben sie uns

> angerufen, und dann hat sich auch der Rest der Familie auf den Weg gemacht. Wir haben alle geweint, als wir uns wiedergesehen haben, denn zwischenzeitlich sah es so aus, als könnten wir meine Brüder nicht wiederfinden. Das hat meine Mutter, meine Schwester und mich sehr traurig gemacht.«

Die Erinnerungen an die Familienangehörigen im Herkunftsland, die mit der Familie unternommene Flucht, die später folgende Ankunft in Deutschland – all das sind Erinnerungen, die die Kinder unweigerlich mit ihrer Familie verbinden, die sich als kollektive Familienerinnerungen fortsetzen und die in Gesprächen mit der Familie verhandelt werden. Erinnerungen können dabei einerseits das *Gute* der vertrauten Heimat, der lieben Verwandten repräsentieren, sie zeigen aber auch die Ursachen für Flucht und Vertreibung auf. Wie die Situation im Herkunftsland erlebt wurde, auf wen Kinder die Initiative zur Flucht in der Familie zurückführen, ob sie gemeinsam oder in getrennten Konstellationen, zuerst der Vater und später die Mutter mit den Kindern, die Flucht organisiert, welche Unsicherheiten sie unterwegs empfunden haben, all das trägt für Kinder zu ihrem Bild von Familie bei und gehört zu ihrem Erleben in Deutschland.

2.3.2 Zur Bedeutung der Freund*innen

Neben der Familie sind die Freundschaften zu anderen Kindern wichtig in den Erzählungen. Dazu gehört auch die Erfahrung des Verlustes von Freund*innen und Freundschaften durch die oder im Zuge der Flucht. So erzählt Josephina:

> »Als wir in das Flugzeug nach Deutschland gestiegen sind, war es am schlimmsten für mich, dass ich meine Freundin in Eritrea zurücklassen musste. Ich hatte sie so lieb, wir haben jeden Tag zusammen gespielt. Jetzt habe ich keinen Kontakt mehr zu ihr, das finde ich so schade!«

Solche Erlebnisse haben auch Kinder, die innerhalb eines Landes umziehen, und auch sie werden unter dem drohenden Verlust einer engen Freundschaft leiden. Insofern muss dies nicht per se als besondere Belastung von geflüchteten Kindern gewichtet werden, gleichwohl bleibt die Frage, auf welche Ressourcen Kinder in Phasen der Trauer zurückgreifen, ob sie traurige Gefühle bewältigen können.

Doch im Zuge der Fluchtphasen entstehen auch neue Freundschaften. Shirin, das Kind aus dem Iran, hat im Erstaufnahmelager in Karlsruhe ein Mädchen kennengelernt, mit dem sie nun immer noch befreundet ist. »Wir schreiben uns immer mal hin und her, weil meine Freundin jetzt in Köln wohnt, da können wir uns nicht so oft sehen.« Jakob betont, wie wichtig seine neu gewonnenen Freunde für sein Leben in Deutschland sind:

> »Wenn ich mal was nicht richtig sage, zum Beispiel ›Blaum‹ anstatt ›Baum‹, dann helfen mir meine Freunde, dann sagen sie mir, wie das Wort richtig heißt. Das ist echt super! Ich spiele mit meinen Freunden auch gerne Fußball, meine Freunde sind sehr wichtig für mich!«

So sehr also Verluste, sei es der Verlust von Menschen, von vertrauten Routinen im Alltag, von der vertrauten Landschaft und von der Sprache, zum Erleben von geflüchteten Kindern gehören, so sehr kann ihr Alltag nach der Ankunft in Deutschland, nach den ersten Phasen der Unsicherheit durch produktive und unterstützende neue Beziehungserfahrungen geprägt sein. In den Erzählungen der Kinder werden die Chancen für neue Freundschaften ausführlich und lebhaft geschildert. Das Ankommen in der neuen Umgebung, das Eingewöhnen, letztlich die Integration von hinzugekommenen Kindern in Deutschland, wird durch neue Bündnisse mit Gleichaltrigen, durch neue wachsende Freundschaften erleichtert und gefördert. Diese Beziehungen lassen sich aus der Sicht von Kindern als erste Gesten des Ankommens, der Fürsorge, des damit verbundenen Aufatmens deuten. Diese Gesten von Kindern, aber auch von fürsorglichen und zugewandten Erwachsenen, sind zentral, für Kinder ebenso wie für Erwachsene.

Durch den Zugang zu allen Bereichen des öffentlichen Lebens und nicht in der relativen Isoliertheit in separierten Unterkünften erhalten Kinder und ihre Eltern die Chance, soziale Netzwerke aufzubauen und ihre vielfältigen Erinnerungen eher zu integrieren. Die Einrichtungen, in denen Kinder mit ihren Familien aufgenommen werden, ebenso wie Kindertagesstätten und Schulen können dazu beitragen, dass Kinder gute Gelegenheiten erhalten, Bündnisse und Freundschaften zu schließen.

2.4 Vorläufiges Fazit: Kindheitsforschung und ihre Zugänge zu einem komplexen Themenfeld

Im Jahr 2020 kommen immer weniger Kinder als Geflüchtete in Deutschland an. Dafür gibt es viele Berichte über die fatale Lage der Jüngsten unter den Geflüchteten in den großen Lagern an Europas Außengrenzen wie Griechenland. Neben der humanitären und gesellschaftlichen Aufgabe sind also Flucht und das Leben und Erleben von geflüchteten Kindern auch für die Forschung relevant. Vor diesem Hintergrund ist auch die Kindheitsforschung aufgefordert, sich zu positionieren.

Kinder sind als Kinder existenziell auf Zuwendung, Pflege, Unterweisung und Liebe durch meist Ältere angewiesen und sie bedürfen der Fürsorge. Dies wird kaum jemand ernsthaft bestreiten. Hingegen ist die Geschichte der Kindheit bis in die Gegenwart hinein reich an Kontroversen über das *richtige* Maß der Fürsorge, über unterscheidbare *echte* Bedürfnisse und Schutzansprüche der Kinder sowie über die Frage, was Kinder als Kinder vulnerabel macht. Das richtige Maß, die echten Bedürfnisse, Schutz, Kindgemäßheit und die Form der Vulnerabilität sind stets mit Bewertungen verbunden, an denen die Kindheitsforschung mitbeteiligt war und ist. Klärungen versucht sie, wie andere Wissenschaften auch, u. a. über empirische Forschung, systematische Reflexion und theoretische Positionierung zu erzielen. Dem unterliegen im spezifischen Fall der Kindheitsforschung sowohl explizite als auch implizite Annahmen darüber, was das Kind im Wesentlichen vom Erwachsenen unterscheidet, welche Kompetenzen und Ressourcen das Kind mit anderen Altersgruppen teilt und welche davon es unter Umständen nicht realisieren kann, weil es in der Machtverteilung zwischen den Generationen benachteiligt ist. Das heißt, dass die sozialwissenschaftliche Kindheitsforschung durchaus auch mit anthropologischen und/oder ontologischen Anfragen zur Besonderheit des Kindes als Menschenkind konfrontiert ist.

Die hier nur exemplarisch vorgestellten Ergebnisse aus den Analysen der Interviews mit geflüchteten Kindern können auch als Hinweise auf Erfahrungen und Eindrücke geflüchteter Jugendlicher und Erwachsener gelesen werden. Vielleicht haben geflüchtete Kinder mit geflüchteten Erwachsenen in manchen Bereichen mehr gemeinsam als mit Gleichaltrigen ohne Fluchterfahrung. Hier sehe ich einen systematischen, kindheitstheoretischen Klärungsbedarf.

Für das Themenfeld Flucht möchte ich, ausgehend von der Annäherung über die Bereitschaft und Fähigkeit zur Vorstellungskraft sowie über die Gespräche mit geflüchteten Kindern und intensive Auswertung der Interviews, abschließend Fragen formulieren. Diese können der Kindheitsforschung einen Weg weisen:

- Wie *ordnen* geflüchtete Kinder die *alte* und die *neue* Welt und auch die Passagen der Flucht?
- Wie *verstehen* sie die Reaktionen anderer, zum Beispiel ihrer Eltern? Welche Zugänge zum Verstehen sind ihnen möglich?
- Wie *verleihen* sie ihrem Alltag und den vertrauten sowie den unbekannten neuen Routinen *Sinn*?

- Welche *Vorstellungen* haben sie von den Erwartungen anderer an sie und wie stellen sie sich den Anforderungen etwa in der Schule?
- Welche *Vorstellungen* und *Erwartungen* haben Kinder bezogen auf das Einwanderungsland?

> **Weiterführende Anregungen und Hinweise für die pädagogische Praxis**
>
> Children's Worlds+. Eine Studie zu den Bedarfen von Kindern und Jugendlichen in Deutschland. Gütersloh: Bertelsmann. https://www.bertelsmann-stiftung.de/fileadmin/files/BSt/Publikationen/GrauePublikationen/Studie_WB_Children_s_Worlds_2019.pdf [Zugriff: 03.06.2020].
>
> World Vision Deutschland e. V. (2016): Angekommen in Deutschland. Geflüchtete Kinder erzählen. Zusammen mit der Hoffnungsträger Stiftung. Friedrichsdorf: https://www.worldvision.de/sites/worldvision.de/files/pdf/World-Vision-Studie-2016-Angekommen-in-Deutschland.pdf [Zugriff: 03.06.2020].
>
> Homepage ›World Vision‹: https://www.worldvision.de/?utm_id=401308&gclid=Cj0KCQjwlN32BRCCARIsADZ-J4v1IslkJRONhRmfkJNRnO1GRImNTWFapyGmqPrYCFQ_KyoU9ak7iwaAohJEALw_wcB&gclsrc=aw.ds [Zugriff: 03.06.2020].
>
> Arendt, H. (1943): We refugees. Menorah Journal (31), 69–77.
>
> Eisenhuth, F. (2015): Strukturelle Diskriminierung von Kindern mit unsicherem Aufenthaltsstatus. Subjekte der Gerechtigkeit zwischen Fremd- und Selbstpositionierungen. Wiesbaden: Springer.

Literatur

Andresen, S. (2015): Das vulnerable Kind in Armut. In: Andresen, S./Koch, C./König, J. (Hrsg.): Vulnerable Kinder. Interdisziplinäre Annäherungen, Bd. 1. Wiesbaden: Springer VS, 137–153.

Andresen, S./Galic, D. (2015): Kinder. Armut. Familie. Alltagsbewältigung und Wege zu wirksamer Unterstützung. Gütersloh: Bertelsmann.

Andresen, S./Wilmes, J./Möller, R. (2019): Children's Worlds+. Eine Studie zu den Bedarfen von Kindern und Jugendlichen in Deutschland. Gütersloh: Bertelsmann.

Arendt, H. (1943): We refugees. Menorah Journal (31), 69–77.

Camassa, G./Evrard, E./Benakis, L./Pagnonin-Sturlese, M. R. (2019): Phantasia. In: Ritter, J./Gründer, K./Gabriel, G. (Hrsg.): Historisches Wörterbuch der Philosophie. Online. Schwabe AG, Basel. https://www.schwabeonline.ch/schwabe-xaveropp/elibrary/start.xav?start=%2F%2F%2A%5B%40attr_id%3D%27hwph_productpage%27%5D#_elibrary_%2F%2F*%5B%40attr_id%3D%27verw.phantasia%27%5D__1591355661875 [Zugriff: 03.06.2020].

Klasen, F./Bayer, C. P. (2009): Kindersoldaten. In: Resch, F./Schulte-Markwort, M. (Hrsg.): Kindheit im digitalen Zeitalter. Kursbuch für integrative Kinder- und Jugendpsychotherapie. Weinheim/Basel: Beltz, 41–61.

Rees, G./Main, G. (eds.) (2015): Children's views on their lives and well-being in 15 countries. An initial report on the Children's World survey, 2013–14. York, UK: Children's World Project (ISCWeB).

Ritter, J./Gründer, K./Gabriel, G. (Hrsg.) (2019): Historisches Wörterbuch der Philosophie. online. https://www.schwabeonline.ch/schwabe-xaveropp/elibrary/start.xav?start=%2F%2F%2A%5B%40attr_id%3D%27hwph_productpage%27%5D#_elibrary_%2F%2F*%5B%40attr_id%3D%27hwph_productpage%27%5D__1591354821141 [Zugriff: 03.06.2020].

World Vision Deutschland e. V. (2007): Kinder in Deutschland 2007. 1. World Vision Kinderstudie unter wissenschaftlicher Leitung von S. Andresen und K. Hurrelmann, Frankfurt am Main.

World Vision Deutschland e. V. (2016): Angekommen in Deutschland. Geflüchtete Kinder erzählen. Zusammen mit der Hoffnungsträger Stiftung. Friedrichsdorf.

World Vision (2018). »Was ist los in unserer Welt?« Kinder in Deutschland 2018. 4. World Vision Kinderstudie. Weinheim/Basel: Beltz.

3

Soziale Netzwerke, Peerkontakte und schulisches Selbstkonzept neu zugewanderter Kinder in der Schule

Charlotte Röhner

Die neue flucht- und migrationsbedingte Zuwanderung stellt die betroffenen Kinder und Jugendlichen vor eine hohe Anpassungs- und Akkulturationsleistung, die nicht nur das Sprachlernen, sondern vor allem auch die kulturelle und psychosoziale Integration umfasst. Die nachfolgende Studie zu sozialen Netzwerken, Peerkontakten und schulischem Selbstkonzept untersucht in einem qualitativen und einem quantitativen methodischen Zugang, welche Bedeutung einheimische Peers für den Akkulturationsprozess neu zugewanderter Kinder haben. Aus den Befunden werden pädagogische Schlussfolgerungen für die kulturell-soziale und sprachliche Integration gezogen, die den Kontaktaufbau und das Sprachlernen unter einheimischen und neu zugewanderten Kindern als Schlüssel für ein gemeinsames Miteinander versteht.

3.1 Transition und Akkulturation neu zugewanderter Kinder: Theoretische Perspektiven

Neu zugewanderte Kinder befinden sich in einem Transmigrations- und Transitionsprozess, der sie vor hohe psychosoziale, sprachliche wie kognitiv-mentale Herausforderungen stellt. Die Lage von Kindern und Jugendlichen in Flucht- und Migrationskontexten wird im wissenschaftlichen Diskurs an der Schnittstelle von Migrations- und Kindheitsforschung untersucht, auf die im Folgenden Bezug genommen wird.

Sozialpsychologisch orientierte Migrationsforschung

In der sozialpsychologisch orientierten Migrationsforschung sind die Befunde der Studie von Berry, Sam, Phinney und Vedder (2010) aufschlussreich, die in einer international vergleichenden Studie die Migrationsprozesse heranwachsender Jugendlicher untersuchten. Danach weisen Jugendliche eine optimale psychologische und soziokulturelle Anpassung auf, wenn sie ihre Integration in die Aufnahmegesellschaft aktiv verfolgen und gleichzeitig den Kontakt zur Herkunftskultur aufrechterhalten können. Diese Jugendlichen weisen weniger Angst, eine höhere Lebenszufriedenheit, geringere Depressionen, mehr Freunde und die höchsten Schulnoten auf. Im Hinblick auf eine gelingende Akkulturation kommt die Studie zu der Schlussfolgerung, dass der Kontakt und

Austausch mit der Aufnahmegesellschaft von Anfang an gefördert werden sollte und Kindern und Jugendlichen die Möglichkeit geboten werden sollte, weiterhin ihre eigene kulturelle Identität wertzuschätzen. Gleichzeitig sollten Maßnahmen zur Freundschaftsförderung zwischen multikulturellen Gruppen im schulischen und außerschulischen Kontext gefördert werden, da diese den Akkulturationsprozess unterstützen.

Kindheitstheoretische Forschung

Die kindheitstheoretische Forschung zu Kindern mit Fluchterfahrungen untersucht die Lage von Kindern in Flüchtlingseinrichtungen in Transit- und Aufnahmeländern (Iranee/Andresen 2020: 484 ff.). Sie ist kinderrechtlich ausgerichtet und fragt danach, ob die elementaren Kinderrechte, wie sie für jedes Kind weltweit gelten, auch unter den Bedingungen von Flucht, Vertreibung und Migration eingehalten werden. Eine 2016 vorgelegte Studie aus diesem Forschungskontext hat im Zuge der aktuellen Fluchtsituation neu zugewanderte Kinder (n = 9) im Alter zwischen 10 und 13 Jahren zu ihrer Vergangenheit, Gegenwart und Zukunft befragt (World Vision/Hoffnungsträger Stiftung 2016). Wesentlich für diese Studie ist, dass sie sowohl das Wohlbefinden als auch die Vulnerabilität von Kindern in den Blick nimmt und neben dem multidimensional angelegten Konzept des Wohlbefindens, das nach Sicherheit, Bildung, Beziehungsqualität und den sozialen Netzwerken der Kinder fragt, auch die mit Krieg, Flucht und Vertreibung belasteten Risiken und Abhängigkeiten der geflüchteten Kinder ins Zentrum der Analyse stellt. Im Ergebnis zeigte sich, dass die Familie der erste und wichtigste Ort ist, der den Kindern Halt und Sicherheit bietet. Die familiären Beziehungen sind aber infolge von Flucht und Migration durch Beziehungsabbrüche und den Verlust von Familienmitgliedern geprägt. Neben der Familie sind Freundschaften zu anderen Kindern hoch bedeutsam. Auch wenn alte Freund*innen zurückgelassen werden mussten, wird durch neu geknüpfte Beziehungen zu Gleichaltrigen das Ankommen, Hineinwachsen und die Integration unterstützt, erleichtert und gefördert. Die Schule wird als Ressource für das Vertrautwerden und Wohlbefinden in Deutschland sowie als Ort der Bildung und des Sprachelernens »insgesamt ausgesprochen wertgeschätzt« (ebd.: 47). Alle Kinder sind dankbar, dass sie in Deutschland in die Schule gehen, die neue Sprache lernen und über die Schule neue Freund*innen gewinnen können. Traumatisierende Erfahrungen stellen ein durchgängiges Thema in den Erzählungen der Kinder dar und müssen als Belastungsfaktor im Migrationskontext wahrgenommen werden (Lennertz/Leuzinger-Bohleber 2020).

Migrationstheoretische Perspektive: »Indicator of Integration Framework«

Einen migrationstheoretischen Zugang stellt der *Indicator of Integration Framework* von Ager und Strang (2008) dar, die zwischen Social Bonds und Social Bridges unterscheiden. Social Bonds stellen Beziehungen zur eigenen Ethnie, Religion, Nationalität, Identifikation und Zugehörigkeit zu einer signifikanten Gruppe dar. Sie geben neu Zugewanderten die Möglichkeit, kulturelle Praktiken zu teilen und vertraute Strukturen zu erhalten. Social Bridges meinen dagegen die Entstehung von sozialen Beziehungen zur Aufnahmegesellschaft und stellen die eigentliche Integrationsleistung dar. Die positiven Effekte intraethnischer Beziehungen im Migrationskontext haben auch Beirens, Hughes, Hek und Spicer (2007) herausgearbeitet. Sie belegen die hohe Bedeutung des ethnokulturellen Hintergrunds für die Gestaltung der Peerbeziehungen, die eine stützende Funktion im Migrationsprozess haben. Positive Effekte ergeben sich aber auch aus Peerbeziehungen unterschiedlicher ethnischer Herkunft.

Peerbeziehungen und schulisches Wohlbefinden

Die Bedeutung von Peerbeziehungen für schulisches Wohlbefinden und Lernen sind in der Schul- und Unterrichtsforschung gut untersucht: Positive Peerbeziehungen von Kindern fördern Wohlbefinden, Beteiligung und Freude am Unterricht (Buhs/Ladd 2001; Fredericks et al. 2004; Neuenschwander/Hascher 2003; Hascher 2004). Der Zusammenhang zwischen sozialer Integration in der Peergroup und schulischem Wohlbefinden konnte auch für neu zugewanderte Kinder belegt werden (Röhner/Schwittek 2019).

3.2 Fragestellung und Methodik der Studie zu sozialen Netzwerken, Peerbeziehungen und schulischem Selbstkonzept neu zugewanderter Kinder

Vor dem dargestellten migrations- und kindheitstheoretischen Hintergrund wird im Folgenden untersucht, welche sozialen Netzwerke und Peerbeziehungen neu zugewanderte Kinder in den unterschiedlichen Beschulungsformen von Intensiv- und Regelklassen aufbauen (Röhner 2020) und welche Schlussfolgerungen sich daraus für den Akkulturationsprozess ziehen lassen. In einer weiteren Untersuchungsperspektive sollen die soziale Integration und das schulische Selbstkonzept der neu zugewanderten Kinder analysiert und im Hinblick auf die soziale Akkulturation in der Schule beurteilt werden.

3.2.1 Methodik der Untersuchung

Um den Zusammenhang von sozialen Netzwerken und Peerbeziehungen in Intensiv- und Regelklassen untersuchen zu können, wurden in einem qualitativen Zugang symbolische Interviews mit neu zugewanderten Kindern in Form eines *Helferkäfers* durchgeführt, die sich in der internationalen Kindheitsforschung als Erhebungsinstrument bewährt haben (Bühler-Niederberger/Schwittek 2013). Dabei werden Kinder über die Figur eines Marienkäfers nach den Personen befragt, die sie in ihrem Alltag unterstützen und mit denen sie befreundet sind. Das Sample der befragten Kinder umfasste elf Kinder aus Intensiv- und zehn Kinder aus Regelklassen unterschiedlicher nationaler Herkunft.

Das psychosoziale schulische Wohlbefinden wurde empirisch-quantitativ mithilfe des standardisierten psychologischen Testverfahrens FEESS 1-2 über die Skalen des TF-SIKS erhoben, die soziale Integration, Klassenklima und schulisches Selbstkonzept erfassen (Rauer/Schuck 2004). Das Sample umfasste n = 5 Kinder der 1. Klasse, n = 6 Kinder der 2. Klasse, n = 3 Kinder der 3. Klasse und n = 5 Kinder der 4. Klasse. Zehn der befragten Kinder besuchten eine Regelklasse, neun eine Intensivklasse, auch mit Teilintegration.

3.2.2 Ergebnisse der Studie zu sozialen Netzwerken und Peerkontakten neu zugewanderter Kinder

Um die Bandbreite der Ergebnisse zu veranschaulichen, werden zwei Beispiele von Helferkäfern und ihrer Auswertung nachfolgend dargestellt und analysiert.

Der Helferkäfer (vgl. Bühler-Niederberger/Schwittek 2013) von Sadia, 8 Jahre, Syrien, repräsentiert das Fallbeispiel einer Erwachsenen- und Familienorientierung (▶ Abb. 3.1, ▶ Tab. 3.1).

Als Unterstützungspersonen in ihrem Alltag nennt Sadia zuerst eine Lehrerin, die sie im Rahmen der schulischen Flüchtlingsbetreuung als hilfreich erlebt hat, den Hausmeister, der sie auf dem Schulhof in Aufgaben einbezieht, sowie ihre Eltern und Geschwister. Ein Kontaktaufbau zu Peers hat nicht stattgefunden. Kinder, die ihr Peernetzwerk hauptsächlich über ihre Familie definieren und/oder von traumatischen Erlebnissen berichten, isolieren sich im Unterricht wie auch in den Pausen und suchen keinen aktiven Kontakt zu Gleichaltrigen (Lennertz/Leuzinger-Bohleber 2020: 497 ff.).

3.2 Fragestellung und Methodik der Studie

Abb. 3.1: Helferkäfer von Sadia, 8 Jahre, Syrien

Tab. 3.1: Tabelle zum Helferkäfer von Sadia

Name	Geschlecht	Nationalität	Woher bekannt	Treffpunkt	Gemeinsame Sprache	Gemeinsame Aktivität
Lehrerin	weiblich	deutsch	Schulangestellte	Unterrichtsstunden	Deutsch	Lernen
Herr K.	männlich	deutsch	Hausmeister	Pausen, Nachmittagsbetreuung	Deutsch	Aufräumen, Spielen
Mama	weiblich	syrisch	Familienmitglied	Zu Hause	Arabisch	Spielen, Lernen, Kochen
Tanfik	männlich	syrisch	Familienmitglied (Bruder)	Zu Hause, Schule	Deutsch, Arabisch	Spielen

69

3 Soziale Netzwerke, Peerkontakte und schulisches Selbstkonzept

Tab. 3.1: Tabelle zum Helferkäfer von Sadia – Fortsetzung

Name	Geschlecht	Nationalität	Woher bekannt	Treffpunkt	Gemeinsame Sprache	Gemeinsame Aktivität
Safia	weiblich	syrisch	Familienmitglied (Schwester)	Zu Hause	Keine Angabe	Keine Angabe
Papa	männlich	syrisch	Familienmitglied	Zu Hause	Deutsch, Arabisch	Keine Angabe

Dagegen repräsentiert Ivko, 8 Jahre, Bosnien, das Fallbeispiel einer ausgewogenen Balance zwischen Familien- und Peerorientierung (▶ Abb. 3.2, ▶ Tab. 3.2).

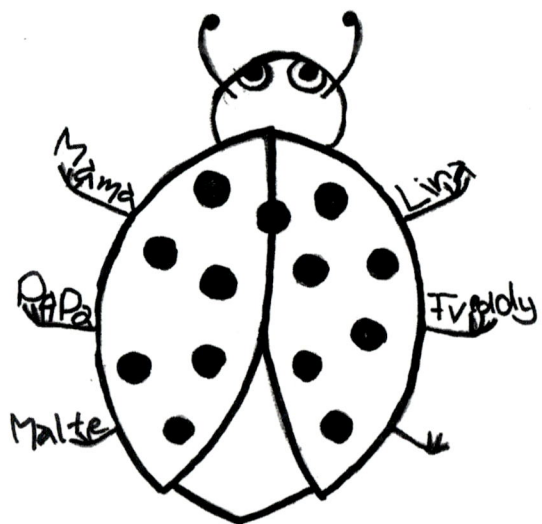

Abb. 3.2: Helferkäfer von Ivko, 8 Jahre, Bosnien

3.2 Fragestellung und Methodik der Studie

Tab. 3.2: Tabelle zum Helferkäfer von Ivko

Name	Geschlecht	Nationalität	Woher bekannt	Treffpunkt	Gemeinsame Sprache	Gemeinsame Aktivität
Malte	männlich	deutsch	Schulfreund	Elsee (Spielplatz), Schule	Deutsch	Quatsch machen, Geburtstag feiern
Papa	männlich	bosnisch	Familienmitglied	Zu Hause	Bosnisch	Ausflüge
Mama	weiblich	slowenisch	Familienmitglied	Zu Hause	Bosnisch, Deutsch	Spielen, Ärgern, Hausaufgaben
Lina	weiblich	deutsch	Schulfreundin	Schule, Betreuung	Deutsch	Brettspiele und Fangen, Hausaufgaben
Freddy	männlich	deutsch	Schulfreund	Schule, Betreuung	Deutsch	Computer spielen

Neben seinen Eltern nennt er drei gleichaltrige Peers, zu denen bereits sehr gute Kontakte bestehen. Von einem der Jungen aus der Regelklasse wurde er bereits zu einer »mega-coolen« Geburtstagsfeier eingeladen, was als Indikator für »social links« zwischen dem Herkunfts- und Aufnahmekontext und eine gelungene Integration gewertet werden kann (Berry et al. 2006, 2010; Ager/ Strang 2008).

In der Gesamtauswertung der sozialen Netzwerke zeigt sich folgendes Ergebnis: 54 % der befragten Kinder nennen überwiegend das familiäre Netzwerk als zentrales Unterstützungssystem. 40 % der Kinder nennen sowohl Peers als auch Familienmitglieder und andere Erwachsene als zentrale soziale Netzwerke. 6 % der Kinder benennen ausschließlich Peers. Betrachtet man die interethnischen Freundschaftskontakte, zeigt sich folgendes Bild: Kinder, die Regelklassen besuchen, haben zu 82 % interethnische Peer- und Freundschaftskontakte. Kinder aus Intensivklassen haben im Vergleich nur zu 18 % Kontakte zu ein- und mehrheimischen Kindern. Bei der Analyse der intraethischen Freundschaftskontakte ergibt sich folgender Befund: Intraethnische Peerbeziehungen gibt es sowohl in Regel- als auch in Intensivklassen. Auch in Regelklassen wird der Kontakt zu Kindern aus dem Herkunftskontext gesucht, besonders von Kindern mit wenig entwickelter Zweitsprachkompetenz.

3.2.3 Interpretation der Ergebnisse

Die befragten neu zugewanderten Kinder pendeln zwischen sozialer Verbundenheit und Autonomie, wobei der Familie noch eine höhere Unterstützungsfunktion zukommt. Dies entspricht dem Befund der UNICEF-Studien zur herausgehobenen Bedeutung der Familie im Transitionsprozess (Berthold 2014; Lewek/Naber 2017). Bei den Peerkontakten zeigt sich die Unterstützungsfunktion von Peers aus gleichem Herkunftskontext im Sinne der *social bonds* (Ager/Strang 2008). Die Beziehungsmuster sind durch gleiche Herkunft und die gleiche Sprache geprägt. Dazu äußert sich Yara wie folgt: »Wir sind in ein Land und wir reden die ganze Zeit arabisch... Weil wir sind nur in arabisch gekomm und wir sind, äh, und wir helfen immer zusamm und haben wir, ähm, Freunde gegangen.«

Ethnische Homophilie in Peer- und Freundschaftsnetzwerken ist aber »nicht nur eine Folge von Präferenzen und Diskriminierungen, sondern auch der ethnischen Zusammensetzung der Schülerschaft, d.h. der Gelegenheitsstruktur im Schulkontext« (Bicer/Windzio 2014: 159) geschuldet. Intensiv- und Seiteneinsteigerklassen fördern daher durch ihre segregative Struktur eher »Social bonds« als »Social Bridges«. Bicer und Windzio (2014) unterstreichen die Bedeutung von Freundschaften zu einheimischen Kindern als wichtigen Faktor der Integration im Schulalter: »Gerade in dieser Lebensphase [kann, C. R.] das Eingehen sozialer Bindungen zu einheimischen Mitschülern sowohl den Spracherwerb fördern, als auch das Erlernen von in der Aufnahmegesellschaft gültigen Verhaltensstandards erleichtern.« (ebd.: 157). Dagegen führt ethnische Segregation zu »ethnischen Enklaven in der Entstehung von Freundschaftsbeziehungen« (ebd.: 157). Gleichwohl stellt der Aufbau intraethnischer Peerbeziehungen eine Bewältigungsstrategie dar, um den Anforderungen im neuen kulturellen Umfeld zu begegnen. Peers mit gleichem ethnokulturellem Hintergrund haben eine hohe Bedeutung für das Erleben von Sicherheit und Orientierung. Das Erleben von Zugehörigkeit stellt ein zentrales Merkmal von Peerbeziehungen und Wohlbefinden dar. Insofern stellt die Herstellung einer Balance zwischen ethnokultureller Verbundenheit (*social bonds*) und Kontakten zur Aufnahmegesellschaft (*social bridges*) eine Herausforderung für die inklusive Schule dar.

3.2.4 Ergebnisse der Studie zu psychosozialem Wohlbefinden und schulischem Selbstkonzept

Der Fragebogen zur Erfassung emotionaler und sozialer Schulerfahrungen (FEESS) wurde einzeln nach Klassenstufen ausgewertet und zeigt für die Skalen der Sozialen Integration, des Klassenklimas und des schulischen Selbstkonzepts die folgenden Ergebnisse:

Bei den Ergebnissen zur sozialen Integration ist auffallend, dass die Mehrheit der befragten Kinder die eigene soziale Integration in die Klasse als weit überdurchschnittlich bewertet. Die meisten der befragten Kinder fühlen sich somit als Person wertgeschätzt und empfinden ihre Sozialkontakte in der Klasse als überaus positiv. Sie fühlen sich durch die Mitschüler und Mitschülerinnen angenommen und betrachten sich selbst als vollwertiges Gruppenmitglied (Rauer/Schuck 2004: 47). Lediglich die Kinder der 2. Klasse beurteilen ihre soziale Integration als leicht unterdurchschnittlich.

Das allgemeine Klassenklima wird im Gegensatz zur eigenen sozialen Integration in die Gruppe von der Mehrheit der befragten Kinder als tendenziell weniger positiv beurteilt: Gut 50 % der Kinder beurteilen das Klassenklima als leicht überdurchschnittlich, knapp 25 % als leicht unterdurchschnittlich und 15 % als unterdurchschnittlich. Interessant ist, dass die Werte zum Klassenklima vom 1. bis zum 4. Schuljahr abnehmen und das empfundene Klassenklima als weniger positiv bewertet wird.

Das im Vergleich zur Normstichprobe auffälligste Ergebnis zeigen die Werte zum schulischen Selbstkonzept: Entgegen der Ergebnisse von Asendorpf und van Aken (1993) zeigen die hier befragten neu zugewanderten Kinder keine extrem hohen Selbsteinschätzungen ihrer schulischen Fähigkeiten: Ca. zwei Drittel der Kinder beurteilen ihre schulische Leistungsfähigkeit mit weit unterdurchschnittlich, während ca. ein Drittel diese als unterdurchschnittlich bewertet.

Vergleicht man die Werte der befragten Kinder aus Intensiv- mit Regelklassen, zeigen sich bei der sozialen Integration und dem Klassenklima gleiche Werte. Dagegen bezeichnen Kinder aus Regelklassen ihr schulisches Selbstkonzept als leicht überdurchschnittlich, während Kinder aus Intensivklassen es als weit unterdurchschnittlich bewerten.

3.2.5 Interpretation der Ergebnisse

Die Diskrepanz zwischen den überdurchschnittlich hohen Werten zur sozialen Integration im Vergleich zu den eher durchschnittlichen bis unterdurchschnittlichen Werten zum Klassenklima kann vor dem Hintergrund der in den Skalen erfassten psychosozialen Dimensionen beleuchtet werden. Während in der Skala zur sozialen Integration die individuelle Wahrnehmung der eigenen sozialen Integration in die Klasse erfasst und der Ich-Bezug der Aussagen betont wird (»ich über mich«) (Rauer/Schuck 2004a: 12), erhebt die Skala zum Klassenklima Aussagen, die »eher die soziale

Situation der Klasse insgesamt, den allgemeinen Umgang aller miteinander betreffen (»wir über uns«)« (ebd.). Die persönliche Anerkennung und Wertschätzung in der Gruppe als überdurchschnittlich hoch zu beurteilen, steht nicht im Widerspruch zu einer Bewertung des Klassenklimas, das die Schüler-Schüler-Beziehungen untereinander allgemein als weniger positiv sieht. Das Selbstkonzept der Akzeptanz in der Peergroup, das von Rauer und Schuck (2004a: 43) auch als soziales Selbstkonzept in Beziehungen zu Gleichaltrigen bezeichnet wird, muss mit der Wahrnehmung des sozialen Miteinanders in der Gruppe nicht identisch sein. Die hohe Selbsteinschätzung der sozialen Integration kann auch als Überanpassung der neu zugewanderten Kinder interpretiert werden, die den Narrativen der Migrationsgesellschaft nach Anpassung an die Verhaltensanforderungen der aufnehmenden Institutionen folgen. In meiner Studie zur Transition aus Sicht neu zugewanderter Kinder (Röhner/Schwittek 2019) wurde als Bewältigungsstrategie auch eine hohe Anpassungsbereitschaft an die schulischen Lern- und Verhaltensanforderungen belegt, die kindheitstheoretisch im Konstrukt »kompetenter Gefügigkeit« und der »Komplizenschaft« in der generationalen Ordnung interpretiert werden können (Bühler-Niederberger 2011: 225f.). In ihrer »kompetenten Gefügigkeit« nehmen die neu zugewanderten Kinder als soziale »Alleskönner« (ebd.) die Herausforderungen des Transformations- und Akkulturationsprozesse aktiv an, um sich, so Bühler-Niederberger (2011: 225), »in diese und ganz andere Ordnungen ein[zu]finden und die notwendigen Leistungen [zu] erbringen.«

Die weit unterdurchschnittlichen Werte zum schulischen Selbstkonzept stehen im eklatanten Widerspruch zu den vorliegenden Untersuchungen von Kindern im Vorschul- und Grundschulalter, die »extrem hohe Selbsteinschätzungen ihrer eigenen Fähigkeiten, unabhängig davon, in welcher Form sie danach befragt wurden (Asendorpf/van Aken 1993; Bos et al. 2003a)«, zeigen (Rauer/Schuck 2004a: 15). Dieser Befund ist mit hoher Wahrscheinlichkeit mit dem mangelnden Kompetenzerleben neu zugewanderter Kinder in der Unterrichts- und Verkehrssprache der Aufnahmegesellschaft verbunden, die das schulische Selbstkonzept und das Vertrauen in die eigene Leistungsfähigkeit nachhaltig beeinflussen. Selbst wenn eine entwickelte schulische Bildung mitgebracht wird, wie dies beispielsweise bei Kindern aus Syrien zu beobachten ist, wird das akademische Selbstkonzept irritiert und in Frage gestellt, da die sprachlichen Barrieren den Zugang zu den fachlichen Domänen verstellen und an vorhandenes Wissen nicht angeknüpft werden kann. Das kann zu den gravierenden Beeinträchtigungen des schulischen Selbstkonzepts führen, wie sie in den weit unterdurchschnittlichen Werten zum Ausdruck kommen. Auch führen die Beschulungsformen in separierenden Vorbereitungsklassen und Intensivkursen zu einer auch strukturellen Besonderung der neu zugewanderten Kinder und Jugendlichen, der sie unterworfen sind und die sie als sprachlich »Nicht-Kompetente« und »Nicht-Zugehörige« zur Mehrheitsgesellschaft markiert. Dieser sprachlich-soziale Ausschluss, der das Selbstwirksamkeitserleben schulischer Leistungsfähigkeit negativ beeinflusst, wird von betroffenen Kindern auch explizit artikuliert und zum Ausdruck gebracht, wie die Studie von Kämpfe (2019) zu Kindern in europäischen Migrationsgesellschaften belegen kann.

3.3 Fazit und Schlussfolgerungen

Die hier vorgelegten Studien zu sozialen Netzwerken, Peerkontakten und dem psychosozialen Wohlbefinden in der Schule belegen, dass sich die neu zugewanderten Kinder in dem jeweiligen sozialen Kontext, ob Regel- oder Vorbereitungsklasse, aktiv einbringen, neue Peerbeziehungen knüpfen und sich im Allgemeinen wohlfühlen. Insofern zeigen sie sich Bühler-Niederberger (2011: 225 f.) folgend als soziale *Alleskönner*, die sich der Gelegenheitsstruktur der sozial vorgegebenen Ordnung der Aufnahmegesellschaft anpassen. Die weit überdurchschnittlich hohen Werte, die in der Skala zur sozialen Integration erhoben wurden, belegen die aktive Anpassungsleistung der befragten Kinder. Je nach sozialer Struktur der Gruppe werden sowohl zu einheimischen Kindern als auch zu Kindern gleicher Herkunft Kontakte aufgenommen. Dabei konnte die Bedeutung intraethnischer Kontakte im Sinne von »social bonds«, wie sie bei Ager und Strang (2008) sowie bei Beirens, Hughes et al. (2007) herausgearbeitet wurde, auch für die hier befragten Kinder gezeigt werden. Ob eine kulturell-sprachliche Integration im Sinne einer Balance zwischen Herkunfts- und Aufnahmekontext (Berry et al. 2010) eröffnet wird, ist der Gelegenheitsstruktur schulischer Ordnung geschuldet, die integrativ-inklusiv oder segregativ-separierend ausgerichtet ist. Wie die erhobenen Daten zeigen, fördert eine inklusiv-integrative Beschulung die Kontaktaufnahme zwischen neu zugewanderten und einheimisch-mehrheimischen Kindern als Schlüssel für das Miteinander im Prozess der Integration. Dagegen führt eine ethnische Segregation, wie Bicer und Windzio (2014) analysieren, zu »ethnischen Enklaven in der Entstehung von Freundschaftsbeziehungen« (ebd.: 157). Die separierenden Beschulungsformen für neu zugewanderte Kinder und Jugendliche, die aktuell vorherrschen (Massumi et al. 2015), stehen – so Krüger-Potratz (2005: 68) – in der Traditionslinie »der Regelungen zur Herstellung von sprachlich-kultureller und ethnischer Homogenität sowie zur Ausgrenzung des bzw. der ›Fremden‹«. In migrationstheoretischer Perspektive markieren Seiteneinsteigerklassen die neu zugewanderten Kinder und Jugendlichen als »*nicht*-zugehörig« zur natio-ethno-kulturellen Zugehörigkeitsordnung (Mecheril 2003) und stellen damit die Integrationskraft der Grundschule grundlegend in Frage. Die separate Beschulung und Förderung in Sprachklassen trägt nach dem Befund von Kämpfe (2019) auch zu Prozessen des *Othering* zwischen einheimischen und migrierten Kindern bei.

Wie die hier vorgestellten Ergebnisse zu Peerkontakten in separater und inklusiver Beschulung zeigen, ist die Beziehungsaufnahme zwischen neu zugewanderten Kindern und einheimischen Kindern in Regelklassen in wesentlich höherem Umfang gegeben als in Intensiv- und Seiteneinsteigerklassen, sodass kulturell-soziale Akkulturation in der integrativ-inklusiven Beschulungsform sehr viel eher gelingen kann. Da die Haltungen einheimischer Kinder gegenüber geflüchteten Kindern überwiegend durch prosoziale, gerechtigkeitsorientierte Normen bestimmt sind (Andresen/Neumann/Public 2018), bestehen für die gleichberechtigte Teilhabe neu zugewanderter Kinder in der Peergesellschaft günstige Voraussetzungen, wenn die Kontakte von den Lehrerinnen und Lehrern aktiv unterstützt und in der Schule dafür Spiel- und Handlungsräume geschaffen werden. Um dem niedrigen schulischen Selbstkonzept der neu zugewanderten Kinder, wie es im FEESS erhoben wurde, zu begegnen, was im Zusammenhang mit der mangelnden Kompetenzzuschreibung in der Unterrichts- und Verkehrssprache steht, ist mehrsprachiges Lernen erfolgversprechend. Mehrsprachige Schul- und Unterrichtsprojekte (Fürstenau/Niedrig 2018; Fürstenau 2019), mehrsprachige Alphabetisierung und ein Unterricht, in dem die Herkunftssprache erfolgreich als Denk- und Arbeitssprache (Rehbein 2012) eingesetzt werden kann, greifen die Sprachkompetenzen zugewanderter Kinder aktiv auf. Mehrsprachiges Lernen bestärkt die Kinder in ihrem kulturell-sprachlichen Selbstkonzept, was sich nachhaltig positiv auch auf das allgemeine schulische Selbstwirksamkeitserleben auswirken kann. Die Herkunftssprachen der neu zugewanderten Kinder als Denk- und Arbeitssprachen in den Unterricht einzubeziehen, kann von jeder Lehrkraft geleistet werden. Es setzt eine professionelle pädagogische Haltung voraus, die auf die Kompetenzen der neu zugewanderten Kinder baut und ihre aktiven Anpassungs- und Lernleistungen wertschätzt und respektiert (Röhner/Schwittek 2019). Mit mehrsprachigem Lernen verbunden ist die Anerkennung und Wertschätzung des kulturellen Herkunftskontextes der neu zugewanderten Kinder, die zur Balance zwischen Aufnahme- und Herkunftskontext und einer gelingenden Akkulturation beitragen können (Berry/Phinney/Sam/Vedder 2010). Der Aufbau und die Förderung sozialer und sprachlicher Kontakte zwischen neu zugewanderten und einheimischen Kindern sind Voraussetzung einer gelingenden Integration und eine zentrale Aufgabe, der sich die Grundschule in ihrem pädagogischen Selbstverständnis stellen muss (Röhner/Wiedenmann 2017: 140 f.).

> **Weiterführende Anregungen und Hinweise für die pädagogische Praxis**
>
> Da separate Beschulungsformen für neu zugewanderte Kinder dem Anspruch der Grundschule als einer gemeinsamen Schule aller Kinder widersprechen, ist ihre Integration in Regelklassen bei gleichzeitiger sprachlicher Unterstützung und Förderung das erste Gebot – auch, um ihre soziale Integration von Anfang an zu unterstützen. Die in der Forschung vorgelegten Befunde sprechen hier eine eindeutige Sprache (Berry/Phinney/Sam/Vedder 2010; Röhner/Schwittek 2019) und halten die kulturell-sprachliche Sofortintegration gegenüber separater Beschulung für vorteilhafter. *Unterrichtspraktische Hinweise zur kulturell-sprachlichen und psychosozialen Förderung neu zugewanderter Kinder finden sich bei Röhner und Wiedenmann (2017: 140 ff.) in Kapitel 9.* Auch aus kindheitstheoretisch-peerkultureller Sicht ist die Förderung von Peerkontakten hochbedeutend für das psychosoziale Wohlbefinden und die soziale Akkulturation und Integration in die Aufnahmegesellschaft. Daher ist der bewusste Aufbau von Spielkontakten und Freundschaftsbeziehungen eine wichtige pädagogische Aufgabe in Unterricht und Schulleben.
>
> Um sich als Lehrkraft unter dem pädagogisch-erzieherischen Anspruch der Grundschule einen Zugang zum psychosozialen Wohlbefinden durch Flucht und Migration vielfach belasteter Kinder (Iranee/Andresen 2020; Iranee i. d. Bd.) zu verschaffen, sind der *Einsatz des FEESS und des »Helferkäfers« (vgl. Bühler-Niederberger/Schwittek 2013) ausgesprochen hilfreich, da sie einfach zu handhaben und mit keinem übermäßigen Arbeitsaufwand verbunden sind.* Stattdessen ist ihr Einsatz eine pädagogisch gestaltete Situation im Zugang und Beziehungsaufbau zu den neu zugewanderten Kindern, da nach ihrer persönlichen Lage und ihren

> Wahrnehmungen und Empfindungen gefragt wird. Beide Verfahren werden von den befragten Kindern als Zuwendung und Interesse an ihrer Person wahrgenommen und geschätzt. Sollte der FEESS nicht zur Verfügung stehen, ist der *Helferkäfer* einfach aufgezeichnet auf ein DIN A 4 Blatt eine gute Option, sich den Kindern persönlich zuzuwenden und ihnen Wertschätzung entgegenzubringen.

Literatur

Ager, A./Strang, A. (2008): Understanding Integration: A Conceptual Framework. In: Journal of Refugees Studies 21, 2, 166–191.

Andresen, S./Neumann, S./Public, K. (2018): Kinder in Deutschland 2018. 4. World Vision Kinderstudie. Weinheim, Basel: Beltz.

Asendorpf, D. C./van Aken, M. A. G. (1973): Deutsche Version der Selbstkonzeptskalen von Harter. In: Zeitschrift für Entwicklungspsychologie und Pädagogische Psychologie, 25, 64–86.

Beirens, H./Hughes, N./Hek, R./Spicer, N. (2007): Preventing Social Exclusion of Refugee and Asylum Seeking Children: Building New Networks. In: Social Policy and Society 6, 2, 219–229.

Berry, J. W./Phinney, J. S./Sam, D. L./Vedder, P. (2010): Immigrant Youth: Acculturation, Identity, Adaption. In: Zeitschrift für Pädagogik 55, Beiheft, 17–43.

Berthold, T. (2014): In erster Linie Kinder. Flüchtlingskinder in Deutschland. Köln: Deutsches Komitee für UNICEF e. V.

Bicer, E./Windzio, M. (2014): »Besuch' mich mal zu Hause.« Religion, Freundschaftsnetzwerke und Besuche zu Hause bei Kindern mit und ohne Migrationshintergrund. In: Bicer, E./Windzio, M./Wingens, M. (Hrsg.): Soziale Netzwerke, Sozialkapital und ethnische Grenzziehungen im Schulkontext. Wiesbaden: Springer VS, 157–184.

Bühler-Niederberger, D. (2011): Lebensphase Kindheit. Weinheim: Juventa.

Bühler-Niederberger, D./Schwittek, J. (2013): Kleine Kinder in Kirgistan – lokale Ansprüche und globale Einflüsse. In: Hunner-Kreisel, C./Stephan, M. (Hrsg.): Neue Räume, neue Zeiten. Kindheit und Familie im Kontext von (Trans-)Migration und sozialem Wandel. Wiesbaden: VS Verlag, 69–88.

Buhs, E. S./Ladd, G. W. (2001): Peer rejection in kindergarten as an antecedent of young children's school adjustement: An examination of mediating processes. In: Developmental Psychology 37, 4, 550–560.

Fredericks, J. A./Blumenfeld, P. C./Paris, A. H. (2004): School Engagement: Potential of the concept, State of evidence. In: Review of educational research 74, 1, 59–109.

Fürstenau, S./Niedrig, H. (2018): Unterricht mit neu zugewanderten Schülerinnen und Schülern. Wie Praktiken der Mehrsprachigkeit für das Lernen genutzt werden können. In: von Dewitz, N./Terhart, H. (Hrsg.): Neuzuwanderung und Bildung. Eine interdisziplinäre Perspektive auf Übergänge in das deutsche Bildungssystem. Weinheim, Basel: Beltz Juventa, 214–230.

Fürstenau, S. (2019): Mehrsprachige Schriftkultur. Wie Grundschulklassen aus ihrem Repertoire schöpfen können. In: Die Grundschulzeitschrift 317, 16–20.

Hascher, T. (2004): Wohlbefinden in der Schule. Münster: Waxmann.

Iranee, N./Andresen, S. (2020): Kinder mit Fluchterfahrungen in der Kindheitsforschung. In: Braches-Chyrek, R./Röhner, Ch./Sünker, H./Hopf, M. (Hrsg.): Handbuch Frühe Kindheit, 2. akt. und erw. Aufl., Opladen u. a.: Budrich, S. 483–496.

Kämpfe, K. (2019): Kindheiten in europäischen Migrationsgesellschaften. Orientierungen von Kindern im Kontext von Migration und Differenz. Wiesbaden: Springer VS.

Krüger-Potratz, M. (2005): Migration als Herausforderung für Bildungspolitik. In: Leiprecht, R. (Hrsg.): Schule in der pluriformen Einwanderungsgesellschaft. Schwalbach am Taunus: Wochenschau, 56–82.

Lennertz, I./Leuzinger-Bohleber, M. (2020): Traumatisierungen von Kindern in Folge von Flucht und Vertreibung. In: Braches-Chyrek, R./Röhner, Ch./Sünker, H./Hopf, M. (Hrsg.): Handbuch Frühe Kindheit. 2., akt. und erw. Aufl. Opladen, Berlin, Toronto: Budrich, S. 479–512.

Lewek, M./Naber, A. (2017): Kindheit im Wartezustand. Studie zur Situation von Kindern und Jugendlichen in Flüchtlingsunterkünften in Deutschland. Köln: Deutsches Komitee für UNICEF e. V.

Massumi, M./von Dewitz, N./Grießbach, J./Terhart, H./Wagner, K./Hippmann, K./Altinay, L./Becker-Mrotzek, M./Roth, H.-J. (2015): Neu zugewanderte Kinder und Jugendliche im deutschen Schulsystem. Bestandsaufnahme und Empfehlungen. Köln: Mercator-Institut für Sprachförderung und Deutsch als Zweitsprache, Zentrum für LehrerInnenbildung der Universität zu Köln.

Mecheril, P. (2003): Prekäre Verhältnisse. Über natio-ethno-kulturelle (Mehrfach-)Zugehörigkeit. Münster: Waxmann.

Neuenschwander, M./Hascher, T. (2003): Zufriedenheit von Schüler/innen und ihre soziale Integration in der Klasse. In: Psychologie in Erziehung und Unterricht 50, 3, 270–280.

Rauer, W./Schuck, K. D. (2004a): FEESS 1-2. Fragebogen zur Erfassung emotionaler und sozialer Schulerfahrungen von Grundschulkindern erster und zweiter Klassen. Göttingen: Beltz.

Rauer, W./Schuck, K. D. (2004b): FEESS 3-4. Fragebogen zur Erfassung emotionaler und sozialer Schulerfahrungen von Grundschulkindern dritter und vierter Klassen. Göttingen: Beltz.

Rehbein, J. (2012): Mehrsprachige Erziehung heute – Für eine zeitgemäße Erweiterung des »Memorandums zum Muttersprachlichen Unterricht in der Bundesrepublik Deutschland« von 1985. In: Winters-Ohle, E./Seipp, B./Ralle, B. (Hrsg.): Lehrer für Schüler mit Migrationsgeschichte. Sprachliche Kompetenz im Kontext internationaler Konzepte der Lehrerbildung. Münster, New York, München, Berlin: Waxmann, 66–92.

Röhner, Ch. (2020): Neu zugewanderte Kinder im Bildungs- und Aufnahmesystem – Kindheitstheoretische und erziehungswissenschaftliche Verortungen. In: Skorsetz, N./Bonanati, M./Kuchaz, D. (Hrsg.): Diversität und soziale Ungleichheit. Herausforderungen an die Integrationsleistung der Grundschule. Wiesbaden: Springer VS, 20–29.

Röhner, Ch./Decker-Ernst, Y./Salem, S./Hettich, N. (2020): Kinder nach Flucht und Migration – Herausforderungen an die Integrationskraft des Schul- und Aufnahmesystems. In: Skorsetz, N./Bonanati, M./Kuchaz, D. (Hrsg.): Diversität und soziale Ungleichheit. Herausforderungen an die Integrationsleistung der Grundschule. Wiesbaden: Springer VS, 46–57.

Röhner, Ch./Schwittek, J. (2019): Transition neu zugewanderter Kinder – Perspektiven der Akteure und Unterstützungspotenziale. In: Donie, Ch./Foerster, F./Obermayr, M./Deckwerth, A./Kammermeyer, G./Lenske, G./Leuchter, M./Wildemann, A. (Hrsg.): Grundschulpädagogik zwischen Wissenschaft und Transfer. Wiesbaden: Springer, 239–250.

Röhner, Ch./Wiedenmann, M. (2017): Kinder stärken in Sprache(n) und Kommunikation. Stuttgart: Kohlhammer.

World Vision/Hoffnungsträger Stiftung (Hrsg.) (2016): Angekommen in Deutschland. Wenn geflüchtete Kinder erzählen. Friedrichsdorf: World Vision Institut.

4

Mehrsprachige Kinder zum Sprechen ermutigen: Dialogische Gespräche führen

Heike de Boer & Daniela Merklinger

> Wir haben unsere Sprache verloren und damit die Natürlichkeit unserer Reaktionen, die Einfachheit unserer Gesten, den ungezwungenen Ausdruck unserer Gefühle. [...] Unsere Identität ändert sich so häufig, dass niemand verstehen kann, wer wir eigentlich sind.
> © 1943 by the Hannah Arendt Bluecher Literary Trust;
> Übersetzung der Autorinnen

Dieses Zitat von Hannah Arendt aus ihrem Essay »We Refugees« (Arendt 1943) beschreibt mit wenigen Worten, welche Konsequenzen der Verlust der Sprache für die Identität hat. Der Verlust der Sprache bedeutet, so Arendt, die *Natürlichkeit* der eigenen Handlungen zu verlieren, gewohnte Gesten nur eingeschränkt gebrauchen zu können und keine Sprache für spontane Gefühle und Reaktionen zur Verfügung zu haben. Dementsprechend ist die Zurückgewinnung der *Natürlichkeit* des Sprechens für Kinder mit Fluchtgeschichte in besonderem Maße an Kontexte gebunden, die sie zum Sprechen ermutigen.

So steht im Mittelpunkt dieses Beitrages die Frage, wie Kinder im gemeinsamen Gespräch mit Pädagog*innen zum Sprechen ermutigt werden können und wie dabei Erzählwürdigkeit interaktiv hervorgebracht werden kann. Voraussetzung dafür sind reziprokdialogisch ausgerichtete Gesprächshandlungen der Erwachsenen, so die Ausgangsthese dieses Beitrags.

Im Anschluss an empirische Forschungen aus der anglo-amerikanischen Interaktionsforschung werden Faktoren herausgearbeitet, die reziprokes Gesprächshandeln grundlegen. An zwei Fallbeispielen aus dyadischen Erzählsituationen zwischen Kindern mit mehrsprachigem Hintergrund und Lehramtsstudierenden, die in einem Mentoring-Projekt entstanden sind, wird dargelegt, wie Kinder trotz sprachlicher Hürden Erzählungen entfalten und sie gemeinsam mit dem erwachsenen Gegenüber im interaktiven Prozess entwickeln. Gesprächsanalytisch werden Gesprächshandlungen der Studierenden ausdifferenziert, an denen eine dialogische und reziproke Grundhaltung zu erkennen ist.

4.1 Die Bedeutung des Gesprächsverhaltens der Lehrkraft

Studien aus dem anglo-amerikanischen Sprachraum zeigen unabhängig von der Frage der Mehrsprachigkeit, dass Fähigkeiten wie das Zuhören und das dialogische Miteinandersprechen oft als

4.1 Die Bedeutung des Gesprächsverhaltens der Lehrkraft

vorhanden vorausgesetzt und nicht im Unterricht gemeinsam von Lehrpersonen und Schüler*innen entwickelt werden (z. B. Finlay 2015). Das bestätigen auch empirische Analysen von Unterrichtsgesprächen, die deutlich machen, dass das Gesprächsverhalten von Lehrkräften oft zu wenig zur Entstehung von Dialogen beiträgt (vgl. Lüders 2011; de Boer 2018). Untersuchungen zu kollektiven Unterrichtsgesprächen in der Klasse machen sichtbar, dass im Bereich des Sprachhandelns von Lehrkräften Entwicklungsbedarf besteht (de Boer 2018; Merklinger 2020). Gesprächshandlungen, die Reziprozität und Dialogorientierung nach sich ziehen, können nicht einseitig zur Lernaufgabe der Schüler*innen gemacht werden, sondern entstehen in der Interaktion als gemeinsam hervorgebrachtes Produkt. Voraussetzung dafür ist, dass Lehrkräfte Schüler*innen im Unterricht (vgl. de Boer 2018, 36)

- ausreichende Wartezeiten einräumen,
- Anschlüsse an das Gesprochene herstellen,
- Kollektivität herstellen und die Kinder aufeinander beziehen,
- eigene Fragen der Kinder ermöglichen,
- Erzählwürdigkeit herstellen.

Anschluss zu nehmen bedeutet, dass Lehrkräfte Kinderäußerungen hervorheben, aufgreifen und aufeinander beziehen und auf diese Weise wertschätzen (vgl. Beucke-Galm 2015: 118; de Boer 2015a: 21 ff.). Mit *Erzählwürdigkeit* ist gemeint, dass erlebte Ereignisse nicht um ihrer selbst willen erzählt werden. Erzählwürdig ist, was für Erzähler*innen von persönlicher Bedeutsamkeit ist. Erzählwürdigkeit wird von Erzähler*innen und Zuhörer*innen gemeinsam in der Interaktion erzeugt (vgl. Dehn/Merklinger/Schüler 2014: 3). Schüler konstatiert zutreffend:

> »Erzählwürdig ist ein Ereignis demnach nicht, weil es in einem Kausalzusammenhang mit anderen Ereignissen steht, sondern weil es eine Erfahrung vermittelt, die es lohnt zu erzählen.« (Schüler 2019: 16)

Linguistisch ausgerichtete Studien zum Mündlichen Erzählen konnten z. B. herausarbeiten, dass die durch die erwachsenen Zuhörer*innen »zur Verfügung gestellten externen Ressourcen eine zentrale Rolle für das Erzielen von Verständigung« (Quasthoff/Stude 2018: 273) in Erlebniserzählungen spielen.

Bedeutsam für diesen Beitrag ist die Perspektive, dass Erzählwürdigkeit von dem erzählenden Kind und dem Erwachsenen in der Situation ko-konstruiert wird. Hieraus ergibt sich die Frage, mit welchen Gesprächshandlungen die erwachsene Person *zum reziproken Dialog* und zur Entstehung von *Erzählwürdigkeit* beiträgt.

4.2 Eine dialogische Grundhaltung entwickeln

In einer kurzen Kolumne mit dem Titel »Ohne Worte« erzählt Peter Bichsel von einer Fahrt mit der Eisenbahn von Kairo nach Assuan. Er unterhält sich angeregt mit einem Ägypter in seinem Abteil. Über dessen Familie, seinen Beruf als Feuerwehrmann. Erst als sie sich verabschiedet haben, stellt Bichsel voller Schrecken fest, dass der Feuerwehrmann nur Arabisch gesprochen hat, er selbst aber kein Wort Arabisch beherrscht. »Aber ich wusste mit Sicherheit, dass er Offizier war und zu einem Kongress fuhr. (...) Ein großer Schrecken – irgendetwas war nicht mit rechten Dingen zugegangen.« (Bichsel 2014: 158 ff.)[1]

Die Erfahrung, die Peter Bichsel hier schildert, zeigt zweierlei: Man muss nicht dieselbe Sprache sprechen, um sich miteinander verständigen zu können. Verständigung ist auch jenseits von Worten möglich. Und dieselbe Sprache zu sprechen ist nicht die einzige Voraussetzung dafür, sich dazu eingeladen zu fühlen, etwas von sich zu erzählen. Verstehen ist jenseits von Sprache möglich und

---

1 Die Idee zu dem Text von Peter Bichsel ist entnommen aus: Dehn, Mechthild (2017): Jeder ist mehrsprachig. Mechthild Dehn im Gespräch mit Ingrid Gogolin. Die Grundschulzeitschrift Heft 302, 45–47.

4.2 Eine dialogische Grundhaltung entwickeln

hängt auch von der Bereitschaft ab, sich auf die jeweilige Situation und den Menschen einzulassen und ihn verstehen zu wollen.

Die Erfahrung, dass wir mehr verstehen können, als unser sprachliches Können zulässt, wenn wir jemanden treffen, der eine andere Sprache spricht als wir, kennen vermutlich viele, auch von Reisen in andere Länder. Eine solche Erfahrung kann eine Bereicherung für all diejenigen sein, denen es gelingt, mit den damit verbundenen Unsicherheiten umzugehen und sich bei allen Unterschieden auf die Situation und auf ihr Gegenüber einzulassen. Die Politikwissenschaftlerin und Autorin des Buches *Sprache und Sein* (2020), Kübra Gümüşay, konstatiert in diesem Zusammenhang zutreffend: »Sprache ist genauso reich und arm, begrenzt und weit, offen und vorurteilsbeladen wie die Menschen, die sie nutzen« (Gümüşay 2020: 24).

Untersuchungen zur Professionalisierung von Lehrkräften im Umgang mit Mehrsprachigkeit belegen, dass Sprache nicht nur als Lerngegenstand fungiert, sondern dass mit ihr auch soziale Zugehörigkeiten und Ungleichheiten reproduziert werden. Schnitzer hebt in diesem Zusammenhang die Bedeutung einer *linguizismuskritischen*[2] *Professionalisierung* von Lehrkräften hervor, bei der es um die Wahrnehmung und Reflexion sprachbezogener Zuschreibungen geht, die zu Ausgrenzung führen (vgl. Schnitzer 2017). Genauso wichtig ist die Reflexion außerschulischer sprachlicher Praktiken, die durch linguizistische Darstellungen, z.B. in den Medien, sprachbezogene Hierarchisierungen nach sich ziehen (vgl. Schnitzer 2017). Denn oft geschehen diskriminierende Gesprächshandlungen durch Lehrkräfte beiläufig und werden weder bemerkt noch reflektiert (vgl. auch Gomolla et al. 2016: 15 ff.). Demzufolge benötigen (zukünftige) Lehrkräfte die Fähigkeit, sensibel für ihren

---

2 Linguizismuskritik verfolgt das Ziel, Unterschiede zwischen Sprachen, Dialekten, Soziolekten und anderen sprachlichen Mitteln, die von kolonialen Denkweisen geprägt sind, zu reflektieren und Mechanismen aufzudecken, mit denen Menschen herabgesetzt oder ausgegrenzt werden (Dirim/Mecheril 2018: 60).

eigenen Sprachgebrauch zu werden, damit sie die Wirkungen, die ihre Sprachpraktiken auf andere haben, wahrnehmen und reflektieren können. Entscheidend für den Verlauf von Gesprächen, die zum Sprechen und Erzählen auffordern möchten, ist, dass das Urteilen und Bewerten zurückgestellt wird und Interaktionsprozesse aufgebaut werden, in denen auch dem zunächst vermeintlich schwer Verständlichen oder dem Impliziten Raum gegeben wird (vgl. Bohm 2005: 139 ff.).

Besonders Kinder, die eine Flucht- und/oder Migrationsgeschichte haben und neu in einer Klasse sind, verstummen mitunter im Klassengespräch und trauen sich nicht, sich zu äußern. Sie befürchten, Fehler zu machen oder ausgelacht zu werden. Hier können dialogisch ausgerichtete Gesprächshandlungen dazu beitragen, zum Sprechen zu ermutigen, zunächst in jeder verfügbaren Sprache. Gegebenenfalls können andere Kinder zum Übersetzen hinzugezogen werden.[3]

---

3 Konzepte für den *Umgang mit Mehrsprachigkeit* und *Translanguaging* fokussieren, wie mehrsprachige Ressourcen für schulisches Lernen fruchtbar gemacht werden können. Die Familiensprachen der Kinder sollen im Unterricht Wertschätzung erfahren, nicht nur, indem herkunftssprachlicher Unterricht angeboten wird, sondern auch, indem die Sprachen der Kinder zum Unterrichtsthema gemacht, in den Unterricht eingebunden werden und das Codeswitching erlaubt wird (vgl. Huxel 2019). Translanguaging beinhaltet dabei, dass nicht nur die Sprachen der Kinder, sondern auch ihr kulturelles Wissen und ihre Erfahrungen als Potenzial in den Unterricht eingebunden werden (Duarte 2019; Fürstenau/Niedrig 2018). Damit dies gelingen kann, sind das Sprachhandeln und die Haltung der Lehrkräfte entscheidend. So zeigen Forschungsergebnisse hierzu, dass Lehrkräfte Translanguaging-Ansätzen oft skeptisch gegenüberstehen und sie »as being too vague and idealist« einschätzen (Duarte 2020: 232). Das hat u. a. damit zu tun, dass der Einbezug der Familiensprachen der Schüler*innen auch als Kontrollverlust erlebt werden kann und erforderlich macht, die damit verbundenen Ungewissheiten auszuhalten und einen Umgang mit ihnen zu finden. Ungewissheit zuzulassen ist zugleich ein wesentliches Kennzeichen dialogischer Gesprächskultur, die ergebnisoffen und grundsätzlich an den Gesprächsbeiträgen der Beteiligten orientiert ist.

4.2 Eine dialogische Grundhaltung entwickeln

So ist das Ziel eines dialogisch ausgerichteten Gesprächs, dem Prozess im gemeinsamen Gespräch Raum zu geben und auch das zunächst Implizite oder schwer Formulierbare an die Oberfläche zu bringen (Bohm 2005: 36). Der Dialogforscher Bohm spricht von der grundlegenden Fähigkeit, im Dialog die eigenen Bewertungen und Kategorien in der Schwebe zu halten (Bohm 2005: 55 ff.), um die Entfaltung der Gedanken der Gesprächspartner*innen nicht zu behindern. Damit ist gemeint, dass das vorschnelle Abkürzen, Subsumieren oder Widersprechen, ohne den Gedanken der Sprechenden richtig verstanden zu haben, kontraproduktiv ist und das Verstehen behindern kann.

In den Untersuchungen von Littleton und Mercer (2010; 2013) werden in diesem Kontext Prozesse des *interthinking* fokussiert. Sie bezeichnen die landläufige didaktische Vorstellung, dass Ideen in einem linearen Gesprächsprozess entfaltet werden, als Missverständnis (vgl. Littleton/Mercer 2013: 7). In ähnlichen Untersuchungen wurde expliziert, dass die Themenentfaltung sich in offenen unterrichtlichen Gesprächen oft in Mäandern vollzieht, semantische Sprünge zurück und nach vorne enthält (vgl. de Boer 2015b: 246). Zugleich zeigen Untersuchungen, die danach fragen, unter welchen Bedingungen Schüler*innen schulische Gespräche als konstruktiv erleben, dass Gesprächshandlungen, die einen Dialog auszeichnen, gemeinsam mit den Schüler*innen expliziert und entwickelt werden müssen. Einer Untersuchung von Finlay lagen folgende Dialogregeln zugrunde (Finlay 2015: 10):

- »We share our ideas and listen to each other.
- We talk one at a time and look at the speaker.
- We respect each other's opinions.
- We give reasons to explain our ideas.
- If we disagree we ask ›why‹? [...]«

Finlay (2015) konnte mit einer Befragung von Schüler*innen zeigen, dass ihr Vertrauen darin, im gemeinsamen Gespräch etwas lernen zu können, größer wurde, nachdem die genannten Dialogmerkmale erarbeitet und systematisch in jedem Gespräch grundgelegt worden waren.

Im Folgenden werden zwei Beispielsequenzen aus dyadischen Kind-Erwachsenen-Gesprächen aus dem Koblenzer Mentoring-Projekt GeKOS vorgestellt und hinsichtlich der Frage analysiert, welche sprachlichen Handlungen dazu beitragen, dass reziproke Dialoge entstehen, in denen Erzählwürdigkeit interaktiv hergestellt wird.

4.3 Das Koblenzer Projekt »GeKOS«

Im Koblenzer Mentoring-Projekt »GeKOS« (**G**emeinsam **e**ntdecken **K**inder ihren **O**rt mit **S**tudierenden) übernehmen Studierende jeweils für zwei Semester die Patenschaft für ein Kind mit Fluchtgeschichte. Studierende und Kinder treffen sich über ein Studienjahr wöchentlich, um gemeinsam ihre Freizeit zu verbringen. Das Projekt richtet sich an Schüler*innen mit Zuwanderungsgeschichte zwischen 6 und 12 Jahren sowie an Studierende der Lehramtsstudiengänge. Die Kinder erhalten im Projekt die Gelegenheit, mit einer studentischen Bezugsperson ihre neue Heimat zu erkunden. Die gemeinsame Zeit wird von zwei Festen für Mentor*innen, Mentees und Eltern gerahmt: dem *start day* und dem *last day*.

Im Rahmen der wissenschaftlichen Begleitforschung führen die Studierenden zu Beginn und zum Ende des Projektes jeweils ein Gespräch mit den Kindern, das audiografiert und transkribiert wird. Während im ersten Gespräch die Lebensbedingungen und Interessen des Kindes im Zentrum stehen, wird das zweite Gespräch mithilfe von Fotos aus der gemeinsamen Projektzeit geführt und fokussiert zurückliegende Tandemaktivitäten (▶ Abb. 4.1). Auf beide Gespräche werden die Studierenden mit einer kleinen Gesprächsschulung vorbereitet und erhalten einen Gesprächsleitfaden mit narrativen Impulsen.

4.3 Das Koblenzer Projekt »GeKOS«

Abb. 4.1: Fotos der zurückliegenden gemeinsamen Tandemaktivitäten als Gesprächsgrundlage

Um die Gespräche in ihrer Komplexität besser untersuchen zu können, wurden sie in mehreren Schritten analysiert:

- Zunächst wurden alle Gespräche transkribiert (nach der Konvention von GAT 2 (Selting et al. 2009)).
- Dann wurden die Kinderäußerungen hinsichtlich ihrer Länge kodiert, unterschieden nach Einwort-Antworten, Mehrwort-Antworten und Antworten, die mehrere Propositionen enthalten.
- Diese Sequenzen (mit mehreren Propositionen) wurden erneut inhaltsanalytisch untersucht und kodiert.
- Auf der Basis dieser ersten Kodierung wurden interaktiv dichte Stellen herausgefiltert, die das klassische Frage-Antwort-Muster aufbrechen und längere Antworten der Kinder zeigen.

Zu den zweiten Gesprächen haben die Studierenden nicht nur die Audiodatei, sondern auch die jeweiligen Fotos, die im gemeinsamen Gespräch thematisiert wurden, dokumentiert.

Die empirische Begleitforschung des Projektes macht sichtbar, dass die meisten Studierenden besonders zu Beginn des Projektes verunsichert sind und zum einen die Zurückhaltung der Kinder als Desinteresse deuten und zum anderen Schwierigkeiten haben, die Ungewissheit auszuhalten, nicht jedes Wort verstehen zu können. Solange die Studierenden die Erwartung haben, dass der Lernprozess einseitig von den Kindern ausgehen muss, bleibt der Kontakt zögerlich. Ihr Verhältnis ändert sich, sobald sie *sich selbst für neue Prozesse öffnen* und damit *Reziprozität ermöglichen*. Dies gelingt nicht allen Studierenden (vgl. GeKOS Zwischenbericht de Boer et al. 2018). Doch manchen Studierenden gelingt es, *sich selbst als Lernende einzubringen* und gemeinsam mit den Kindern ins Gespräch zu kommen. Die Auswertungen zeigen, dass die Perspektive, die sie dabei auf die Kinderäußerungen einzunehmen scheinen, von Wohlwollen und Respekt geprägt ist. Zudem gehen sie grundsätzlich von den Potenzialen ihrer Mentees aus und sind offen für ihre Überlegungen und Gedanken (ebd.).

4.4 Dialogische Momente im Gespräch

Das zugrunde liegende Datenmaterial aus dem Projektjahr 2018/2019 umfasst einen Datenkorpus mit 84 Gesprächen, die von 42 Tandems zu zwei Zeitpunkten (s.o.) geführt wurden. Aus der inhaltsanalytischen Untersuchung ließen sich vier Kategorien abstrahieren, in denen *Reziprozität im Sinne von Wechselseitigkeit im Gespräch* sichtbar wurde und die Kinder einen hohen Sprechanteil zeigten. Solche dialogischen Momente wurden gemeinsam hervorgebracht, wenn es den Studierenden gelang, eine Situation herzustellen, in der

1. gemeinsam Erlebtes interaktiv erinnert und ko-konstruiert wird,
2. Kinder ihr Expertenwissen einbringen,
3. Kinder über ihre Interessen berichten,
4. Kinder etwas für die Studierenden Überraschendes berichtet haben.

Welche interaktiven Praktiken die Studierenden eingesetzt und damit zur Entstehung dialogischer Momente im gemeinsamen Gespräch beigetragen haben, zeigen die beiden nachfolgenden Gesprächssequenzen beispielhaft.

4.4.1 Kinder können ihr Expertenwissen einbringen

Das Mentee-Kind Ayla ist in Bulgarien aufgewachsen. Ihre Familiensprache ist Türkisch. Ayla erklärt ihrer Mentorin, dass es in Bulgarien ein Schwimmbad ganz in der Nähe von ihrem Zuhause gibt und dass sie sich darauf freut, dort in den Sommerferien täglich hinzugehen. Anlass des Gesprächs ist das Foto eines gemeinsamen Schwimmbadausfluges, das die Mentorin für das Gespräch u.a. mitgebracht hat.

»Ach, das heißt, dein Haus ist ganz in der Nähe von dem Schwimmbad?«

Ayla	10:20	ich hab ich hab so großes ferien hm sechs woche gehen (.) gehen zu bulgarie und mein cousine eh gehen zu (.) eh mein (.) mein mein mama mama eh ist (.) eh (.) bruder eh von bruder ist mädch/ (–) kind? ähm zu immer das? (.) das immer (.) und dann (unverständlich) und dann und dann mein cousine eine woche gehen zu schwimmen ehm zum (.) zu bulgarien gAnzes warm ganz ganz ganz von syrien warm
Studentin	11:03	boah
Ayla	11:04	und dann (.) und ische eine woche gehen zu schwimmbad
Studentin	11:07	(kichert)) also dann=
Ayla	11:09	=mein mein haus und dann zwei kilometre (.) eh eh zwei kilometre schwimmbad
Studentin	11:18	wow [das ist ja total nah]
Ayla	11:19	[das guck mal] mein haus hier
Studentin	11:21	ja
Ayla	11:22	und das und das schwimmbad ist hier
Studentin	11:23	ach das heißt (.) dein haus ist ganz in der nähe von dem schwimmbad?
Ayla	11:27	ja (.) und da isch will a::lle woche gehen
Studentin	11:30	aha wie schö::n jede woche könnt ihr ins schwimmbad [gehen] könnt ihr auch ans meer gehen?

Obwohl Ayla nach Worten sucht, stellt sie sich der Herausforderung und erklärt der Studentin genau, wer in ihren Sommerferien in Bulgarien sein wird: »mein cousine«. Ayla scheint nicht ganz sicher zu sein, ob »cousine« das richtige Wort ist, und erklärt, dass das Kind des Bruders der Mutter gemeint ist. Zudem scheint ihr wichtig zu sein, dass das Schwimmbad nur zwei Kilometer von ihrem Haus in Bulgarien entfernt ist, und auch, dass es dort sehr warm ist: »ganz ganz von syrien warm«. Offen bleibt, was sie mit dem Bezug zu Syrien meint. Ayla lässt beim Sprechen wenig Pausen, scheint sich dem, was sie zum Ausdruck bringen möchte, sprechend anzunähern. Ihr Gesprächsbeitrag dauert insgesamt 43 Sekunden – die ganze Sequenz dauert etwas mehr als 70 Sekunden. In dieser Zeit ist die Studentin nicht passiv. Sie hört Ayla zu

4.4 Dialogische Momente im Gespräch

und unterbricht sie nicht. In dem vorliegenden Gespräch hat die Studentin vor dem Hintergrund der gemeinsamen Aktivitäten im Projekt zusammen mit Ayla eine Atmosphäre entwickelt, in der es gelingt, *Erzählwürdigkeit* herzustellen: Ayla möchte der Studentin mitteilen, was sie in den kurz bevorstehenden Sommerferien machen wird. Die Studentin drückt durch die einfache Interjektion »boah« ihr Staunen und ihr Interesse an dem, was Ayla ihr erzählt, aus. Ayla spricht sofort weiter, wiederholt, dass sie »eine woche gehen zu schwimmbad« und dass das Schwimmbad »zwei kilometre« entfernt ist. Die Studentin lacht und versucht zwischendurch, etwas zu sagen oder zu fragen (»also dann«), lässt Ayla aber den Raum, weiterzusprechen und ermöglicht damit Aylas mehrere Äußerungen umfassende Erzählung. Nachdem Ayla zum zweiten Mal erklärt hat, dass das Schwimmbad nur zwei Kilometer von ihrem Haus entfernt ist, kommentiert die Studentin dies inhaltlich: »wow, das ist ja total nah.« Dabei bringt sie ihr inhaltliches Verstehen zum Ausdruck – und ihr Erstaunen über die Nähe. Parallel zu dieser Äußerung spricht Ayla bereits weiter. Dabei verwendet sie deiktische Sprachmittel (»hier«) und unterstreicht gestisch (»das guck mal«), wie kurz der Weg vom Haus zum Schwimmbad ist. Diese Aussage bestätigt die Studentin zwischendurch mit »ja«.

Auch die nächste Äußerung der Studentin signalisiert Ayla nicht nur ein inhaltliches Interesse, sondern auch, dass sie verstanden hat, was Ayla sagt: »ach, das heißt (.) dein haus ist ganz in der nähe von dem schwimmbad?« Ayla bejaht dies und erweitert die Äußerung um den bereits angesprochenen Gedanken, dass sie dort »a::lle woche« hingehen möchte: »ja (.) und da isch will a:: lle woche gehen«. Erneut reagiert die Studentin vor dem Hintergrund einer am Verstehen orientierten Grundhaltung: »aha, wie schö::n; jede woche könnt ihr ins schwimmbad [gehen] [...].« Sie spiegelt nicht nur, was sie verstanden hat, indem sie es in ihren Worten wiedergibt. Sie drückt auch ihr Interesse aus, dass sie mehr von Ayla wissen möchte: »könnt ihr auch ans meer gehen?« In den Äußerungen der Studentin sind Spuren von Scaffolding zu erkennen, wenn sie die Formulierung »jede woche könnt ihr ins schwimmbad gehen« verwendet (statt: »eine woche gehen zu Schwimmbad« und »alle woche gehen«). Ob Ayla tatsächlich ›jede Woche‹, ›jeden Tag‹ oder ›die ganzen Wochen ihres Aufenthalts‹ gemeint hat, bleibt offen. Ayla korrigiert die Studentin jedenfalls nicht. An dieser Stelle wird zugleich ein Spannungsfeld deutlich, in dem jede Art von Scaffolding stattfindet, insbesondere dann, wenn der Erwerb der Deutschen Sprache am Anfang steht: Eine Diskrepanz zwischen dem, was das Kind zum Ausdruck bringen möchte, und dem, was die Gesprächspartnerin in ihrem Bemühen zu verstehen daraus macht. Aber möglicherweise ist der Ausdruck einer am Verstehen des anderen orientierten, dialogischen Grundhaltung wichtiger als einzelne Details.

In dieser Gesprächssequenz überrascht das Mädchen Ayla die Studentin mit ihrer Erzählung und die Studentin signalisiert ihr, mehr erfahren zu wollen. Der Gesprächsinhalt wird dabei von beiden gemeinsam interaktiv hervorgebracht und es entsteht *Erzählwürdigkeit*. Die Studentin adressiert Ayla dabei durchgehend als *Expertin* für ihre Lebenswelt – ungeachtet der Herausforderungen, die die deutsche Sprache für das Kind bedeutet. Dabei gelingt es ihr nicht nur, Ayla Zeit zu geben, ihre Gedanken zu entfalten, sondern auch, mit einfachen Fragen an ihre Äußerungen anzuschließen. Mit Äußerungssignalen, die ihr Staunen ausdrücken, sowie mit Formulierungshilfen trägt sie zur Entstehung der Erzählsequenz bei und zeigt ihrem Mentee, dass sie offen dafür ist, Neues zu erfahren. Die Studentin geht mit der Unsicherheit zwischen Verstehen und Nichtverstehen so um, dass Ayla sich in ihrem Potenzial gesehen fühlen kann und aus der Rolle der *Expertin ihrer Lebenswelt* heraus agieren kann.

4.4.2 Kinder können ihre Interessen einbringen

Mit einem Foto, auf dem Yassin beim Seilspringen zu sehen ist, erinnert sich die Mentorin daran, dass ihr Mentee ihr beim letzten

Treffen gezeigt hat, dass er gut Seilspringen kann. Er bestätigt das und antwortet, dass er seitdem etwas Neues dazugelernt hat. Die Mentorin ist neugierig und fragt, was das ist.

> **»Letztes Mal hast du mir gezeigt, wie gut du Seilspringen kannst«**
>
> ```
> Studentin   05:30  das letzte mal hast du mir schon gezeigt wie
>                    toll du Seil hüpfen kannst
> Yassin      05:31  ja jetzt hab ich was neues auf dem gelernt
> Studentin   05:32  was denn?
> Yassin      05:33  eehm (-) ich wollte den seil mitn_mitbringen
>                    aber ich ha_ich hab vergessen mitzubringen
> Studentin   05:40  kein problem (|) dann kannst dus mir das
>                    nächste mal zeigen (|) vielleicht kannst dus
>                    mir auch erklären
> Yassin      05:44  mit die (.) das (-) gucken
> Studentin   05:50  erzähl ruhig
> Yassin      05:51  die_diese machen dann so (|) diese guck diese
>                    (-) ich kann so weiter machen
> Studentin   05:59  aah
> Yassin      06:00  ich kann mein hände so machen
> Studentin   06:03  hm_mh
> Yassin      06:03  und nochmal noch springen (|) aber ich kann so
>                    machen guck
> Studentin   06:07  ja
> Yassin      06:07  so (-) so schnell dann machen
> Studentin   06:10  wow (.) das letzte mal gabs da noch_n bisschen
> Yassin      06:13  ja da war nicht so gut weil ich hab den nicht
>                    so gut gelernt jetzt hab ich_kann ich sehr gut
> Studentin   06:18  perfekt (|) das freut mich (|) du meinst so
>                    über kreuz machen ja? ja schön
> ```

Die Mentorin leitet die Sequenz damit ein, dass sie ihren Mentee als Kind adressiert, das gut Seilspringen kann. Er bestätigt das und sagt, dass er seit dem letzten Treffen etwas Neues dazugelernt hat. Die Mentorin greift dieses Gesprächsangebot mit einer offenen Frage auf, deren Antwort sie nicht kennt: »was hast du dazugelernt?«

Dass das Seilspringen mit überkreuzenden Armen aus der Sicht von Yassin leichter vorzumachen als zu erklären ist, deutet seine Reaktion an: Er sagt, er wollte das Seil mitbringen, hat es aber vergessen – seine Verbesserung scheint ihm wichtig zu sein, und er möchte seiner Mentorin gern zeigen, was er kann. Sie sagt, dass das kein Problem ist und er es ihr das nächste Mal zeigen kann. Dann fragt sie ihn, ob er es vielleicht auch erklären kann. Sie bringt dabei ihr Interesse zum Ausdruck und stellt zugleich Erzählwürdigkeit her. Der Junge lässt sich darauf ein und versucht sein Bestes. Er bezieht sich auf die gemeinsame Sprechsituation, wenn er deiktische Ausdrücke (»*diese* machen«; »*so* schnell dann machen«) verwendet, von denen man sich vorstellen kann, dass er sie durch Gesten unterstützend begleitet: »ich kann mein hände so machen.« Dabei bestärkt die Mentorin ihren Mentee explizit mit der Erzählaufforderung »erzähl ruhig«. Zugleich signalisiert sie ihm im Prozess, dass sie ihm zuhört (ah; hm_hm; ja). Die Mentorin bringt ihre Anerkennung zum Ausdruck (»wow«) und deutet an, dass sie erinnert, dass es beim letzten Mal noch nicht so gut geklappt hat (»das letzte mal gabs da noch'n bisschen«). Noch bevor sie ihren Gedanken ausführen kann, bestätigt ihr Mentee, dass er beim letzten Mal »nicht so gut« war, aber jetzt »kann ich sehr gut«. Die gegenseitigen Bestätigungsformulierungen können als Ausdruck der Reziprozität verstanden werden. Die Mentorin drückt ihrem Mentee erneut ihre Anerkennung aus (»perfekt«) und sichert ihr Verständnis ab: »du meinst so über kreuz machen? ja, schön.«

Im Hinblick auf die Möglichkeiten des Scaffolding ist die letzte Äußerung der Mentorin ausbaufähig, denn auch sie bedient sich eines deiktischen Ausdrucks, den sie vermutlich gestisch begleitet. Eine sprachlich explizitere Möglichkeit wäre z. B.: Du hast gelernt, mit den Händen über Kreuz Seil zu springen. Zugleich hat das Aufnehmen der Geste des Kindes durch die Mentorin eine wichtige Funktion, wenn es darum geht, Reziprozität herzustellen – eine zentrale Voraussetzung für Sprachlernen.

Dass der Mentee sich dieser sprachlich anspruchsvollen Aufgabe stellt, hat mit den Gesprächshandlungen der Mentorin zu tun, die als *dialogisch* bezeichnet werden können. Sie eröffnet mit der Frage »was hast du gelernt?« einen Gesprächsraum für etwas, das Yassin wichtig ist: sein Können im Seilspringen mit überkreuzten Armen. Diesen Gesprächsraum hält sie durch kurze Äußerungen im weiteren Verlauf offen, und das Kind ist bereit, ihn mit seinen Erklärungen zu füllen.

4.5 Zum Sprechen ermutigen: Die dialogisch-reziproke Grundhaltung

Gegenseitiges Verstehen ist nicht allein von Sprache abhängig – das machen die Zitate von Hannah Arendt und Peter Bichsel deutlich. Zugleich gelingt Verständigung nicht automatisch, selbst wenn diejenigen, die miteinander sprechen, die jeweilige Sprache beherrschen. Insofern ist das Gelingen eines dyadischen Gesprächs zwischen Kind und Erwachsenem, so wie in den vorliegenden Beispielen, nicht allein von der sprachlichen Fähigkeit des Kindes abhängig, sich in der deutschen Sprache auszudrücken. Genauso entscheidend sind Gesprächshandeln und Gesprächshaltung der Erwachsenen, damit ein Dialog entstehen kann und Erzählwürdigkeit im Gespräch ko-konstruktiv in der Interaktion hergestellt werden kann.

Kinder, die dabei sind, die deutsche Sprache zu lernen, bedürfen der Ermutigung, um in einem Gespräch mit einer Erwachsenen und vor einer Gruppe im institutionellen Kontext zu sprechen. Die sequenzanalytische Rekonstruktion der beiden Gesprächsausschnitte ermöglicht, Gesprächshandlungen auszudifferenzieren, an denen eine Haltung sichtbar wird, die wir als *dialogische und reziproke Grundhaltung* bezeichnen möchten:

Die erwachsene Person

- stellt offene Fragen und drückt ihr Interesse aus, mehr erfahren zu wollen;
- adressiert das Kind als ebenbürtige*n Gesprächspartner*in, versichert sich, richtig verstanden zu haben, und positioniert das Kind als Expert*in seiner Lebenswelt;

- lässt Pausen zu, hält Ungewissheit im Sinne von eigenem Nichtverstehen aus, ohne Bewertungen vorzunehmen oder durch vorschnelles Widersprechen, Subsumieren oder Schlussfolgern zu unterbrechen;
- stellt Anschlussfragen, formuliert explizite Erzähl- und Weitererzählaufforderungen;
- gibt lokal begrenzte Unterstützungshilfen in der Formulierung, die zum Erzählfluss des Kindes und zum Verstehen der Erwachsenen beitragen, ohne das Kind in dem, was es inhaltlich ausdrücken möchte, zu entmündigen.

Von Gesprächen in der Grundschule, die durch eine dialogisch-reziproke Grundhaltung der Lehrkraft geprägt sind, können Kinder und Erwachsene gleichermaßen profitieren: Da es nicht um richtig oder falsch geht, sondern das gemeinsame Sprechen und Denken im Zentrum steht, handelt es sich um ein offenes Gespräch, in dem Neues oder Überraschendes entstehen darf.

Die in diesem Beitrag vorgestellten Gesprächssequenzen zeigen, welche konkreten Gesprächshandlungen der Erwachsenen zum gemeinsamen Gespräch einladen und wie dabei Erzählwürdigkeit entstehen kann. Nicht thematisiert wurden Beispiele, in denen die Gesprächshandlungen der Erwachsenen das gemeinsame Gespräch verhindern. So gibt es im Datenkorpus auch Gespräche mit Kindern, die bereits das dritte Jahr in Deutschland sind, die ins vierte Schuljahr gehen, wiederholt am Projekt teilgenommen haben und in erster Linie Einwort-Antworten geben oder einzelne Propositionen äußern. Zugleich gibt es Kinder, die erst vor sechs Monaten in Deutschland angekommen sind, deren Erwerb der deutschen Sprache ganz am Anfang steht und die dennoch längere Erzählbeiträge äußern. Manchmal ist dabei auch Translanguaging (vgl. Fußnote 3) zu beobachten – bei Kindern, die in ihrer Familiensprache oder auf Englisch sprechen, aber auch bei den Studierenden, die (meist auf Initiative der Kinder) Deutsch und Englisch mischen.

So stellt sich abschließend an die hier vorgestellten Überlegungen die Anschlussfrage, wie zukünftige Lehrkräfte auf diese her-

4.5 Zum Sprechen ermutigen: Die dialogisch-reziproke Grundhaltung

ausfordernde Aufgabe besser vorbereitet werden können. Darüber hinaus entsteht die Frage, welche weiteren Kontextfaktoren neben den explizierten in diesem Zusammenhang eine Rolle spielen, z. B.: Welche Bedeutung für die Ermutigung zum Sprechen neu zugewanderter Kinder hat die Klassen- und Schulkultur? Welche Bedeutung haben Peer- und Freundschaftsnetzwerke in der Klasse?

> **Weiterführende Anregungen und Hinweise für die pädagogische Praxis**
> Buchempfehlung:
>
> Gümüşay, K. (2020): Sprache und Sein. Berlin: Hanser Verlag.
> Kübra Gümüşay geht in diesem Buch sehr eindrücklich der Frage nach, wie Sprache unser Denken prägt und wie auch Politik davon bestimmt ist. Sie ist auf der Suche nach einer Sprache, die Menschen nicht auf Kategorien reduziert; einer Sprache, in der Facettenreichtum existieren kann und in der es Gleichberechtigung und Diskurse auf Augenhöhe bzw. dialogische Gespräche (im Sinne David Bohms) gibt.
>
> Folge ›Sternstunde Philosophie‹:
>
> Wie kann ein Gespräch bzw. ein Dialog gelingen?
> Dieser Frage widmet sich die Gesprächsrunde *Sternstunde Philosophie* zum Thema »Die Entgiftung der öffentlichen Kommunikation«. Moderiert wird das Gespräch von Barbara Bleisch, Philosophin, Autorin und freie Journalistin. Zu Gast sind die Politikwissenschaftlerin und Autorin Kübra Gümüşay und der Medienwissenschaftler Bernhard Pörksen. Die drei suchen gemeinsam nach Auswegen aus der Polarisierungsfalle, an der die öffentliche Diskussion oft krankt. Aus ihrer Sicht sind mehr Empathie und Wertschätzung nötig, die auf gegenseitiges Verstehen ausgerichtet sind, bei gleichzeitiger Bereitschaft zum Streit und zur klärenden Konfrontation. https://www.youtube.com/watch?v=fw1GYidfiWw [Zugriff: 30.06.2020].

Literatur

Arendt, H. (1943): We Refugees. Menorah Journal. Online verfügbar unter: https://www.documenta14.de/de/south/35_we_refugees [Zugriff: 11.02.2021].

Beucke-Galm, M. (2015): Dialogische Gespräche. In: de Boer, H./Bonanati, M. (Hrsg.): Gespräche über Lernen – Lernen im Gespräch. Wiesbaden: Springer VS Verlag, 103–125.

Bichsel, P. (2014): Ohne Worte. In: ders.: Mit freundlichen Grüßen. Berlin: Insel Verlag, S. 158 ff.

de Boer, H. (2015a): Lernprozesse in Unterrichtsgesprächen. In: de Boer, H./Bonanati, M. (Hrsg.): Lernen im Gespräch – Gespräche über Lernen. Wiesbaden: Springer VS Verlag, 17–37.

de Boer, H. (2015b): Philosophieren als Unterrichtsprinzip – philosophische Gespräche mit Kindern. In: de Boer, H./Bonanati, M. (Hrsg.): Lernen im Gespräch – Gespräche über Lernen. Wiesbaden: Springer VS Verlag, 233-251.

de Boer, H. (2018): ›joint meaning making‹ im Forschungsdiskurs zu philosophischen Gesprächen mit Kindern. In: de Boer, H./Michalik, K. (Hrsg.): Philosophieren mit Kindern – Forschungszugänge und -perspektiven. Opladen u. a.: Barbara Budrich, 33–45.

de Boer, H./Braß, B./Falmann, P. (2018): GeKOS – Gemeinsam entdecken Kinder ihren Ort mit Studierenden. 3. Zwischenbericht. Koblenz: Universität Koblenz-Landau, Campus Koblenz. https://kola.opus.hbz-nrw.de/frontdoor/index/index/docId/1960 [Zugriff: 14.06.2020].

Bohm, D. (2005): Der Dialog. Das offene Gespräch am Ende der Diskussionen. Stuttgart: Klett-Cotta.

Dehn, M. (2017): Jeder ist mehrsprachig. Mechthild Dehn im Gespräch mit Ingrid Gogolin. Die Grundschulzeitschrift Heft 302, 45–47.

Dehn, M./Merklinger, D./Schüler, L. (2014): Narrative Acquisition in Educational Research and Didactics. In: Peter H. et al. (eds.): Living Handbook of Narratology. http://www.lhn.uni-hamburg.de/ darin: http://www.lhn.uni-hamburg.de/printpdf/article/narrative-acquisition-educational-research-and-didactics. auch in: Peter H. et al. (eds): Handbook of Narratology. 2nd edition. Berlin: de Gruyter, 489–506.

Dirim, I./Mecheril, P. (2018): Zwei analytische Schlüsselbegriffe: Differenzordnung und Diskriminierungsverhältnisse. In: Dirim, I./Mecheril, P.: Heterogenität, Sprache(n), Bildung. Bad Heilbrunn: Verlag Julius Klinkhardt, 39–62.

Duarte, J. (2019): Translanguaging in mainstream education: A sociocultural approach. In: International Journal of Bilingual Education and Bilingualism. 22 (2), 150–164.

Duarte, J. (2020): Translanguaging in the context of mainstream multilingual education. International Journal of Multilingualism, 17:2, 232–247. DOI: 10.1080/14790718.2018.1512607.

Finlay, M. (2015): Establishing the Ground Rules for talk: influencing attitudinal change towards talk as a tool for learning. In: The STEP Journal, 2 (3): 5–17.

Fürstenau, S./Niedrig, H. (2018): Unterricht mit neu zugewanderten Schülerinnen und Schülern. Wie Praktiken der Mehrsprachigkeit für das Lernen genutzt werden können. In: Dewitz, N./Terhart, H./Massumi, M. (Hrsg.): Neuzuwanderung und Bildung: Eine interdisziplinäre Perspektive auf Übergänge in das deutsche Bildungssystem. Weinheim und Basel: Beltz, 214–230.

Gomolla, M./Schwendowius, D./Kollender, E. (2016): Qualitätsentwicklung von Schulen in der Einwanderungsgesellschaft: Evaluation der Lehrerfortbildung zur interkulturellen Koordination (2012–2014). Veranstaltet vom Landesinstitut für Lehrerbildung und Schulentwicklung (LI) Hamburg in Kooperation mit dem Projekt ›Beratung, Qualifizierung, Migration‹ (BQM). Hamburger Beiträge zur Erziehungs- und Sozialwissenschaft, Heft 16. Hamburg; HSU. (Auch als Online-Publikation im Internet verfügbar unter: http://edoc.sub.unihamburg.de/hsu/volltexte/2016/3139/).

Gümüşay, K. (2020): Sprache und Sein. Berlin: Hanser Verlag.

Huxel, K. (2019): Der Einbezug von Mehrsprachigkeit als Teil einer diskriminierungskritischen, diversitätssensiblen Schulentwicklung. In: Zeitschrift für Didaktik der Literaturwissenschaft, 4 (1–2), 68–80.

Littleton, K./Mercer, N. (2010): The significance of educational dialogues between primary school children. In: Littleton, K./Howe, C. (Hrsg.): Educational Dialogues – Understanding and Promoting Productive Interaction. New York: Routledge, 271–289.

Littleton, K./Mercer, N. (2013): Interthinking: Putting talk to work. New York: Routledge.

Lüders, M. (2011): Die Sprachspieltheorie des Unterrichts. In: Meseth, W./Proske, M./Radtke, F. O. (Hrsg.): Unterrichtstheorien in Forschung und Lehre. Bad Heilbrunn: Klinkhardt,175–189.

Merklinger, D. (2020): »Oder Wen sieht die Tigerin wie seine Mutter …« Perspektiven literarischer Figuren im kollektiven Gespräch über Bilderbücher interaktiv entfalten. In: Scherer, G./Heintz, K./Bahn, M.: Das narrative Bilderbuch. Türöffner zu literar-ästhetischer Bildung, Erzähl- und Buchkultur. Trier: WVT, 57–82.

Quasthoff, U. M./Stude, J. (2018): Narrative Interaktion: Entwicklungsaufgabe und Ressource des Erzählerwerbs. In: Zeitschrift für Literaturwissenschaft und Linguistik, 48, 249–275.

Schnitzer, A. (2017): Mehrsprachigkeit als soziale Praxis. (Re-)Konstruktionen von Differenz und Zugehörigkeit unter Jugendlichen im mehrsprachigen Kontext. Weinheim, Basel: Beltz Juventa.

Schüler, L. (2019): Narrative Muster. Schriftliches Erzählen im Kontext von Wort und Bild. Stuttgart: J. B. Metzler.

Selting, M. u. a. (2009): Gesprächsanalytisches Transkriptionssystem 2 (GAT 2). In: Gesprächsforschung – Online-Zeitschrift zur verbalen Interaktion 10 (1), 353–402 (online abrufbar unter: www.gespraechsforschung-ozs.de).

5

Zusammenarbeit zwischen Eltern und Schule in der Migrationsgesellschaft

Christiane Bainski & Ursula Neumann

> Interviewerin: (...) Wie würden Sie insgesamt so die Beziehung zu den Eltern beschreiben?
> Lehrerin: Ja, ähm, die ist natürlich sehr eng. Und Eltern kommen natürlich viel mehr in Aktion und können natürlich mit Schulen kooperieren. Selbst, wenn sie ganz neu hier in Deutschland sind. Das zählt zu ganz neuen Erfahrungen. Und das wird sehr, sehr gerne angenommen. Grade von Menschen, die jetzt

hier aus einem anderen Land zu uns kommen. Das ist oft ein Ankerpunkt, hier in Deutschland zu starten.[1]

Der staatliche Erziehungsauftrag der Schule ist dem Erziehungsrecht der Eltern gleichgeordnet.[2] Im Idealfall wird die gemeinsame Erziehungsaufgabe von Eltern und Schule in einem sinnvoll aufeinander bezogenen Zusammenwirken erfüllt. Bildung und Erziehung gehören zusammen. Die Gestaltung des Bildungs- und Erziehungsprozesses gelingt vor allem dann gut, wenn beide Seiten (Elternhaus und Schule) mit Blick auf das Wohl der Kinder zusammenarbeiten. Dafür ist wichtig, dass der Prozess kooperativ und für alle Beteiligten transparent gestaltet wird.

In der aktuellen Bildungsdebatte spielt die gesellschaftliche Veränderung durch Zuwanderung, verbunden mit einer wachsenden Zahl von Kindern und Jugendlichen mit einer internationalen Familiengeschichte, Fluchterfahrungen und lebensweltlicher Mehrsprachigkeit, eine zentrale Rolle. Die Migrationsgesellschaft erfordert neue Perspektiven und Handlungskonzepte für erfolgreiche Bildungsverläufe aller Kinder und Jugendlichen.

Deshalb ist in diesem Beitrag nicht von *Flucht, geflüchteten Familien* oder *Flüchtlingen* die Rede; vielmehr gehen wir davon aus, dass jedes Gesellschaftsmitglied einer Vielzahl von Gruppen angehört, die jeweils mit einem oder mehreren Aspekten der Persönlichkeit verbunden sind: Dazu gehören zum Beispiel Staatsangehörigkeit, geografische Herkunft, Wohnort, Geschlecht, Klasse, Religion, Sprache, politische und weltanschauliche Einstellungen, Beruf und Arbeit, Essgewohnheiten, Interessen an Sport oder Musik und vieles mehr. Umso wichtiger ist es deshalb, sich auf gemeinsame zentrale Ziele im Bildungs- und Erziehungsprozess zu verständigen. Durch die Entwicklung von Bildungs- und Erziehungspartnerschaf-

---

1 Dieses und alle weiteren Zitate stammen aus Interviews im Rahmen der Evaluation des Projekts »Rucksack Schule«, vgl. Lengyel 2017 und 2019.
2 Vgl. das »Förderstufenurteil« des Bundesverfassungsgerichts vom 6.12. 1972.

ten kann dieser Verständigungsprozess transparent gestaltet, mögliche Konflikte kompetent ausgetragen und die Zusammenarbeit am Wohle des Kindes orientiert werden.

Im Gegensatz zu anderen Ländern gibt es in der Bundesrepublik Deutschland keine längerfristige, im Bildungssystem verankerte Praxis einer systematischen Zusammenarbeit mit Eltern im Bildungs- und Erziehungsprozess der Kinder und Jugendlichen. Eine besondere Aufmerksamkeit erfuhr das Thema erst nach der Veröffentlichung der großen internationalen Vergleichsstudien zum Bildungserfolg wie PISA 2000 und IGLU, vor allem auch mit Blick auf Eltern von Kindern und Jugendlichen mit Migrationshintergrund, weil die Studien das schlechtere Abschneiden und die systematisch geringeren Chancen von Kindern und Jugendlichen mit Migrationshintergrund belegten.

Betrachtet man die Konzepte oder Projekte für die Zusammenarbeit mit Eltern, waren diese in den 1990er- und 2000er-Jahren von einer Haltung der Defizitorientierung geprägt. Die familiären Lebensbedingungen und Lebensweisen von eingewanderten Familien wurden aus Sicht der Mehrheitsgesellschaft und ihren Vorstellungen bewertet. Sie galten als ursächlich für die Probleme, die es zu überwinden galt (vgl. z. B. Korte/ Schmidt 1983: 38 f.; Auernheimer 1984). Nicht in den Fokus kamen dadurch die Perspektiven der Eltern, etwa ihre Verständigungsschwierigkeiten gegenüber den Lehrkräften, etwaige negative Erfahrungen mit Bildungseinrichtungen oder ihre Erwartung, auf Desinteresse und Ablehnung zu stoßen.

Der Begriff *Elternarbeit* steht in diesem Zusammenhang, denn er weist den Lehrkräften die Aufgabe zu, Eltern den Wünschen und Erwartungen der Schule anzupassen. Das Verhältnis zwischen der Eltern- und der Lehrerschaft wird hierarchisch gedacht. Der notwendige Kontakt zu den Eltern wird als zusätzliche Arbeit verstanden, die die eigentliche Lehrtätigkeit nur ergänzt und nicht den Kern der Lehrerrolle bildet. Wird die Gesellschaft dichotom und werden Geflüchtete als eine besondere Gruppe definiert – und entsprechend gehandelt –, wird die Schule der Diversität nicht gerecht.

5.1 Mehrsprachigkeit als Ressource für *alle* Kinder und Jugendlichen

In der globalisierten Welt und angesichts der europäischen Integration ist Mehrsprachigkeit eine besondere Ressource, die *allen* Kindern und Jugendlichen offenstehen sollte.

Das offensichtlichste Merkmal der Diversität der modernen deutschen Gesellschaft ist ihre Mehrsprachigkeit. Individuelle und gesellschaftliche Mehrsprachigkeit gehören immer häufiger zu den Erfahrungen, die Kinder und Jugendliche machen und die ihre Lebenswelt und ihren Alltag prägen – unabhängig von ihrer Herkunft. Mehrsprachigkeit ist inzwischen auch in Deutschland wie in der übergroßen Mehrheit aller Länder auf der Erde gelebte gesellschaftliche Realität. Dies stellt neue Herausforderungen an die nationalstaatlichen Bildungssysteme und ihre monolingualen Traditionen. Auch Kinder aus der autochthonen Bevölkerung erfahren durch die sprachliche Vielfalt neue Lernanreize, die zur Erweiterung ihrer Potenziale, Erfahrungen und Kompetenzen genutzt werden können.

Die aktuelle Forschung verweist darauf, dass Kinder, die unter diesen Bedingungen der Migration aufwachsen, nicht nur mit verschiedenen Varietäten der sogenannten Migrantensprachen in Kontakt treten, sondern auch von Anfang an Erfahrungen mit standardisierten und nicht-standardisierten Varietäten der sogenannten Mehrheitssprache machen. Wir sprechen von Kindern, »die in ihren ersten Lebensjahren in Interaktionssituationen geraten, in denen mehrere Sprachen in kommunikativ relevanter Weise Verwendung finden« (Reich 2010: 8). In didaktischer Hinsicht setzt sich das Konzept der *durchgängigen Sprachbildung* durch, bei dem eine Förderung des gesamten Sprachbesitzes der Kinder und ihrer Familien – und nicht nur ihre Deutschkenntnisse – im Mittelpunkt steht. Das Bemühen um eine noch bessere Verankerung und Vermittlung der deutschen Sprache auf der Ebene der Bildungssprache wird durch mehrsprachige Lernstrategien offenbar unterstützt.[3] Dabei verbinden die didaktischen Arrangements sprachliche Bildung mit fachlichem Lernen. Die *Gesamtsprachigkeit* der Kinder in ihrer Vielfalt ist zugleich Ausgangspunkt und Ziel pädagogischen Handelns.

5.2 Erfolgreiche Konzepte: Das Beispiel »Rucksack Schule«

Ehe wir im Einzelnen auf das Projekt *Rucksack Schule* eingehen, weil dort die Kooperation mit Eltern eine wesentliche Rolle spielt, möchten wir einige Merkmale benennen, die solchen erfolgreichen Ansätzen gemeinsam sind und sie kennzeichnen.

5.2.1 Merkmale erfolgreicher Konzepte der Zusammenarbeit von Schule und Eltern

Für den Aufbau und die langfristige Umsetzung erfolgreicher Konzepte der Bildungs- und Erziehungspartnerschaft von Grundschule und Eltern ist Folgendes förderlich:

- Sie verbinden pädagogische mit inhaltlichen Zielen (z. B. Anleitung zu guter elterlicher Hausaufgabenbegleitung mit Schreibförderung des Kindes, möglichst auch in der Herkunftssprache).
- Sie stärken die Eltern in ihrem Selbstbewusstsein und in ihrer Rolle als kompetente Mitwirkende (z. B. Einsatz als Lesepatin/

---

3 Vgl. die Ergebnisse des Forschungsschwerpunkts »Sprachliche Bildung und Mehrsprachigkeit« im Rahmenprogramm zur Förderung der empirischen Bildungsforschung des BMBF: https://www.empirische-bildungsforschung-bmbf.de/de/251.php

Lesepate für die Herkunftssprachen oder mit einem Angebot im Ganztag).
- Sie tragen zur Diskussion von Erziehungsfragen bei (z. B. in Elterncafés oder bei Infoabenden – untereinander, auch in der jeweiligen Familiensprache oder auch durch Unterstützung fachlich kompetenter Referentinnen und Referenten).
- Sie leiten an zur Hilfe und Selbsthilfe und tragen zur Lösung von sozialen Problemen bei (Wohnungssuche, Vermittlung in Arbeit, schwierige Behördengänge...).
- Sie sprechen Eltern als Expertinnen und Experten für ihre Kinder an und nehmen sie in dieser Rolle ernst.
- Sie sind systematisch, geplant und profitieren vom professionellen Wissen aller pädagogischen Fachkräfte.
- Sie beachten besonders den Übergang von der KiTa in die Grundschule und haben dafür gemeinsam erarbeitete Konzepte.
- Sie bereiten gut auf den Übergang von der Grundschule in die weiterführenden Schulen der Sekundarstufe I vor.

5.2.2 Das Projekt »Rucksack Schule«

Rucksack Schule ist ein Programm zur Förderung von Unterrichts- und Schulentwicklung, durchgängiger sprachlicher Bildung und diversitätsbewusster, interkultureller Bildung unter Einbeziehung der Eltern im Rahmen von Bildungs- und Erziehungspartnerschaften. Es richtet sich an Grundschulen in NRW (vgl. Lengyel/Schmitz 2017; Lengyel u. a. 2019). In *Rucksack Schule* werden die sprachlichen Kompetenzen in den Herkunfts- und Familiensprachen der Schülerinnen und Schüler als Ressource anerkannt und als Lerngrundlage berücksichtigt. Nach Möglichkeit wird dafür gesorgt, dass die Sprachen im Herkunftssprachlichen Unterricht (HSU) gelehrt werden. Es liegen *Rucksackmaterialien* vor, u. a. Wörterlisten, Unterrichtsvorschläge und Anleitungen für Spiele und Übungen (vgl. LaKI 2013). Das Programm sensibilisiert in der parallel zum Unterricht eingebundenen Elternbildung die Eltern für die Sprachbildung und die Lernentwicklung ihrer Kinder und fördert die Bildungs- und Erziehungspartnerschaft. Es bietet Lehrerinnen und Lehrern sowie Eltern praktische und konkrete Orientierungshilfen für die sprachliche Bildung mehrsprachig aufwachsender Kinder. Dabei arbeiten *Kontaktlehrkräfte* mit *Elternbegleiterinnen* und *Sprachlehrkräften* z. B. für Türkisch mit den Eltern zusammen.

Hier ein Beispiel für die Rolle der »Elternbegleiterin« in einer Selbstbeschreibung:

> »Also, meine Aufgaben sind, dass ich treu zu den Eltern stehe, dass ich bei jeder Frage dastehe und sie unterstütze. Für alles, also wir sind eine Familie da. Also, das ist das A und O, finde ich. Dass es nicht nur um Hausaufgaben geht, sondern dass man den Eltern Vertrauen gibt. Das ist für mich sehr wichtig. Wir bearbeiten halt dann die Unterrichtsthemen, ich helfe ihnen dabei.«

Eltern erfahren in der Zusammenarbeit mit sog. *Elternbegleiterinnen*, wie sie ihre Kinder in der allgemeinen und schulischen Entwicklung sowie in der/den Familiensprache(n) optimal fördern können. Die Inhalte des Regelunterrichts werden mit der Elternbildung abgestimmt.

Weitere Ziele des Programms richten sich auf die Schulen selbst, sind also Teil der Schulentwicklung, und bedeuten Anstrengungen zur interkulturellen Öffnung gegenüber den Eltern, den schulischen Gewohnheiten und Strukturen sowie dem Unterricht und seinen Inhalten. So sind die bereitgestellten Unterrichtsmaterialien nicht nur auf Deutsch, sondern auch in zahlreichen Herkunftssprachen (bisher 17) thematisch auf kulturelle Vielfalt gerichtet und durch Planungsraster ergänzt, die die Gestaltung eines sprachsensiblen Unterrichts ermöglichen. Auch zu den Inhalten des Herkunftssprachlichen Unterrichts wurden ergänzend Unterrichtsmaterialien in verschiedenen Sprachen entwickelt.

Das Programm baut auf die in der frühen Bildung eingesetzten Programme »Griffbereit« und »Rucksack KiTa« (beide entwickelt unter wissenschaftlicher Begleitung von Prof. Dr. Hans H. Reich) auf und führt die Linie über die gesamte Grundschulzeit fort.[4]

5.2.3 Wirksamkeit von »Rucksack Schule«

Mit der Evaluation von *Rucksack Schule* liegt zum ersten Mal eine Longitudinalstudie zur Wirksamkeit eines Konzepts mit Blick auf Mehrsprachigkeit und ihre Förderung in der Grundschule vor. Sie wurde über einen Zeitraum von vier Jahren von Drorit Lengyel, Universität Hamburg, durchgeführt (vgl. Lengyel 2017; Lengyel u. a. 2019).

Darin wurde der Nachweis erbracht, dass das Programm die Leseaktivität der beteiligten Kinder – auch in den Familien – steigerte und Literacy-Aktivitäten häufiger wurden. Im Vergleich mit einer Kontrollgruppe wurde die Kompetenz in der Herkunftssprache nachweisbar gestärkt, ebenso wie die narrative Schreibfähigkeit im Deutschen – insbesondere bildungssprachliche Elemente der deutschen Sprache traten hervor. Für das Türkische konnte hingegen eine allgemeine Kompensation des (fehlenden) kulturellen Kapitals der Familien durch die Teilnahme am Programm erreicht werden (Lengyel u. a. 2019: 47). Das zeigt sich darin, dass der Effekt der Teilnahme am Rucksack-Projekt darin liegt, dass solche Kinder auch bei niedrigerem sozialem Status ihrer Familie im ersten Schuljahr bessere Türkischkenntnisse aufwiesen, als statistisch zu erwarten war. Schließlich konnte gezeigt werden, dass *Rucksack Schule* bei den Eltern im Bereich der familiären Unterstützung im Sprachlernprozess unter Mehrsprachigkeitsbedingungen zu mehr Selbstvertrauen – auch der Schule gegenüber – führt.

---

4 Diese Konzepte wurden evaluiert durch Prof. Dr. Hans Joachim Roth, Universität zu Köln.

5.2 Erfolgreiche Konzepte: Das Beispiel »Rucksack Schule«

Hier ein Beispiel aus einem Interview mit einer Elternbegleiterin:

> »Für die Kinder ist das ganz toll, weil sie sehen, meine Mama kommt jetzt auch zur Schule, meine Mama macht auch Unterricht, meine Mama muss auch lernen. Die Mütter sagen dann auch: ›Wir verbringen automatisch mehr Zeit mit unseren Kindern‹. Wo es dann auch wirklich indirekt ums Lernen geht. Also, wenn die Kinder Spaß haben, dann lernen sie, ohne dass es ihnen bewusst wird. Weil wir auch drauf achten: Wie können wir die Lehrinhalte in unser tägliches Leben mit einbauen? Mathematik zum Beispiel. Wenn das Kind den Tisch deckt: ›Löffel und Gabel. Wir sind fünf Leute. Wieviel brauchen wir?‹ Sowas. (...) Das finden die Mütter auch ganz toll, dass sie den Kindern so unterbewusst, so unbewusst so diese Sachen vermitteln können. Oder wenn man draußen spazieren geht: ›Ah, guck mal eine Amsel‹. Früher hieß es ›Mama, guck mal ein Vogel‹ und dann sagt man ›Ah, guck mal eine Amsel – guck mal eine Kohlmeise‹. Also solche Sachen. Wir haben eine Bücherei. Da können sich die Mütter Bücher ausleihen. Wir haben ganz viele von der ersten bis zur sechsten Klasse – Romane, äh, Klassiker auch für die Kinder.«

Auch sei den Eltern die Bedeutung der Herkunftssprache klarer geworden. Ein positiver Effekt des Programms zeigt sich auch in einer besseren Beziehung zwischen Lehrkräften, pädagogischem Fachpersonal und den Eltern.[5]

---

5 Das Programm wird wegen seines Erfolgs aktuell mit Mitteln der Auridis-Stiftung disseminiert und transferiert.

5.3 Handlungsebenen und Kooperationsfelder der Zusammenarbeit

Bei allen Unterschieden, die mit dem Migrationsstatus verbunden sein mögen, lassen sich jedoch bestimmte Gemeinsamkeiten in den Anliegen der Eltern aus den unterschiedlichsten Milieus – auch Migrantenmilieus (vgl. VHW 2018) – feststellen. Im Hinblick auf die Zukunft ihrer Kinder findet sich bei allen Elterngruppen eine hohe Bildungsaspiration. Alle wünschen sich für ihre Kinder einen erfolgreichen Bildungsverlauf mit guten Abschlüssen, die qualifizierte Berufsausbildungen ermöglichen. Dies bildet eine gute Grundlage dafür, an einer Schule Eltern aller Schülerinnen und Schüler zusammenzubringen. Wichtig ist hierbei, die Diversität der Elternhäuser nicht zum Problem, sondern zur Lösung und Chance zu machen. Bei den Ressourcen der Betroffenen ist zu berücksichtigen, wie die unterschiedlichen Zugänge zu Geld, Bildung, sozialen Netzwerken etc. aussehen; geht damit eine hierarchische Zuordnung einher? Gibt es spezifische Erfahrungen, Deutungsmuster und Selbstinterpretationen, die durch Migration beeinflusst werden, und sowohl herkunftsbezogene als auch spezifische Sichtweisen des Aufnahmelandes, die miteinander geklärt werden sollten? Welche verschiedenen Bewältigungsstrategien im Alltag und bei der Gestaltung der Lebenswelt gibt es, die einbezogen werden können? Wie kann bei Reflexion der diversen Lebens- und Erfahrungswelten Selbstwirksamkeit unterstützt werden?

Kennzeichen erfolgreicher Bildungs- und Erziehungspartnerschaftskonzepte

Erfolgreiche Konzepte der Bildungs- und Erziehungspartnerschaft von Eltern zeichnen sich vor allem dadurch aus, dass sie die Defizitperspektive auf die vielfältigen familiären Lebensbedingungen und Lebensweisen verlassen. Erfahrungen aus der Familienbildung

5.3 Handlungsebenen und Kooperationsfelder der Zusammenarbeit

sowie aus verschiedenen Konzepten der Zusammenarbeit mit Eltern in pädagogischen Institutionen wie KiTa und Schule (z. B. Konzepte der Fachstelle Kinderwelten in Berlin, Elternqualifizierung »Eltern mischen mit« des Elternnetzwerks NRW) belegen, dass sich folgende Inhalte als besonders wichtig herausgestellt haben:

- Grundlegende Informationen zu den Institutionen der Bildung und deren Auftrag und Zielsetzungen: Was ist das Angebot der Schule? Was sind Erwartungen der Schule hinsichtlich Leistungs- und Lernentwicklung? Welche Erwartungen sind an das Elternhaus gerichtet? Inwieweit stimmen die Eltern mit den Erwartungen der Schule überein? Gibt es Fragen oder Aspekte einer anderen Sichtweise?
- Grundlegende Informationen zum Schulsystem und Steigerung seiner Durchschaubarkeit: Welche Entscheidung hat welche Folgen? Wie sind die Bildungsübergänge gestaltet, was bedeuten welche Entscheidungen für die zukünftige Lernentwicklung ihrer Kinder?
- Erziehungsfragen und eine sinnvolle Lernbegleitung im familiären Kontext: Bei einer vielfältigen Schülerschaft begegnen dem pädagogischen Personal aufseiten der Eltern auch vielfältige unterschiedliche Sichtweisen zu Erziehungsstilen, dem Umgang mit Belohnung und Bestrafung etc. Dazu gehören u. a. Fragen der Lernmöglichkeiten in den häuslichen Bedingungen, Aspekte der Vorbildung der Eltern, Aspekte des sozioökonomischen Status, familiäre Ressourcen und Aspekte widersprüchlicher Erziehungsstile, Werte und Erwartungshaltungen der Eltern. Wie kann man sich auf gemeinsame Grundsätze verständigen? Wie ist das Kommunikationssystem zwischen Schule und Elternhaus, um auch das Engagement von Eltern im und für den Schulalltag zu nutzen (ohne sie zu Hilfslehrkräften zu machen!), wie etwa im oben beschriebenen Beispiel von *Rucksack Schule*, bei dem sich die Mütter der Kinder wöchentlich treffen? Gibt es eine in der Schule verantwortliche Person der Schulleitung oder einer

Steuergruppe und geregelte Absprachen zwischen Lehrkräften – Elternbegleiter*innen – Eltern? Sind die Aktivitäten aufeinander abgestimmt?
- Mitwirkung – warum und wie: Was wird von den Mitwirkungsgremien erwartet? Welche Möglichkeiten haben Eltern, sich über die gesetzliche Mitwirkung einzubringen und auch mitzugestalten?
- Mehrsprachigkeit: Fast alle Eltern wünschen den Erhalt ihrer Familiensprachen. Sie sind jedoch sehr verunsichert, inwieweit die Schule dazu beitragen kann und inwieweit das für ihre Kinder gut ist. Eine Schule, die mit dem neuesten Forschungs- und Erfahrungsstand vertraut ist, kann dazu beitragen, die Zwei- und Mehrsprachigkeit ihrer Schülerinnen und Schüler als Potenzial zu nutzen und auch die deutsche Sprache im Kontext der Zwei- und Mehrsprachigkeit im Unterricht aller Fächer qualitativ hochwertig zu vermitteln.
- Schulinterne Curricula: Wie wird den Eltern vermittelt, was die Curricula (schulintern ebenso wie die landesspezifischen Vorgaben) verlangen? Welche Unterrichtsstrategien sind damit verbunden? Welchen Raum und welche lernförderlichen Möglichkeiten außerhalb der Schule können/sollen Eltern gestalten? Zusammenspiel von Unterricht und Ganztag – können auch hier Eltern mitwirken?

Jede Schule braucht ihr spezifisches, passgenaues Konzept für eine effektive und gleichberechtigte Zusammenarbeit mit den Eltern, das miteinander entwickelt und umgesetzt wird. Dabei spielen Schulleitungen, engagierte Lehrkräfte und andere pädagogische Fachkräfte ebenso eine Rolle wie engagierte Eltern. Auch Unterstützung von außen (Qualifizierungsmaßnahmen etc.) können hilfreich sein. Alles ist stets ein Prozess, in dem jede/r viel Neues lernen kann, wenn er oder sie bereit ist, gemachte Erfahrungen zu reflektieren und immer wieder nach (neuen) Lösungen und Anregungen zu suchen.

Auch die Einführung eines neuen Konzepts in die schulische Praxis geschieht nicht von heute auf morgen. Die neuen Unterrichtsstrategien und Didaktisierungen, das Einplanen der Eltern in die Lernprozesse und Vermittlungsfragen etc. spielen eine Rolle – und müssen neu eingeübt und immer wieder reflektiert werden.

5.4 Schlussgedanken

Im Rahmen des Programms *Rucksack Schule* gibt es Qualifizierungsangebote, um Lehrkräfte, Elternbegleiterinnen und Eltern zu unterstützen. Hier einige Beispiele:

- Basisqualifikation für Elternbegleiterinnen mit 8 Modulen zu den Inhalten des Programms, interkultureller Kompetenz, Arbeit mit dem Material, kompetentem Umgang mit Mehrsprachigkeit, Literacy-Erziehung und Erwachsenenbildung.
- Schulen können ebenfalls vergleichbare Module aus der Perspektive der Arbeit als Lehrkraft beantragen.
- Zu spezifischen Fragen werden im Rahmen des bundesweiten Netzwerks auch einzelne Workshops angeboten (z. B. Netzwerkarbeit als Basis von »Griffbereit« – »Rucksack KiTa« und »Rucksack Schule« – hier geht es u. a. auch um die Gestaltung von Übergängen).

Abschließend wünschen wir allen Pädagoginnen und Pädagogen Erfahrungen wie diese:

> »Interviewer: Läuft das gut oder wie sind da Ihre Erfahrungen?
> Lehrerin: Also, es läuft gut. Die Eltern, die kommen, kommen gerne. Also die beschäftigen sich mit den Inhalten der einzelnen Fächer. Und die trinken und essen ja auch. Äh, das gefällt denen. Die finden Rucksack auch gut. Und sinnvoll. Also, die sind

dann immer auf dem neuesten Stand, die wissen, was die Kinder so in der Schule machen. Und zuhause können sie den Kindern helfen. Und die sehen die Lehrer dann einmal in der Woche. Das ist auch schön.«

> **Weiterführende Anregungen und Hinweise für die pädagogische Praxis**
> Informationen zum Programm »Rucksack Schule«: https://kommunale-integrationszentren-nrw.de/rucksack-schule-0 [Zugriff: 30.06.2020].
> Mehrsprachige Online Publikationen der Hanns Seidel Stiftung: http://www.hss.de/publikationen.html
> Themen:
> Asyl – Flucht – Migration – Ein Glossar (2. Aufl.)
> Ich zeige Dir meine Stadt: Wie wir in Deutschland leben
> Refugee Guide: Eine Orientierungshilfe für das Leben in Deutschland in Deutsch, Englisch, Urdu, Arabisch, Pashto.
> Ratgeber Gesundheit für Asylsuchende in Deutschland: http://www.ethnomedizinisches-zentrum.de [Zugriff: 30.06.2020].
> Schule in Deutschland – jetzt versteh ich das! https://www.bpb.de/shop/lernen/hanisauland/222231/schule-in-deutschland-jetztversteh-ich-das [Zugriff: 30.06.2020].
> Kostenloses Deutsch-Arabisch-Wörterbuch des Langenscheidt-Verlages mit Audiobeispielen zur Aussprache der Übersetzung: http://de.langenscheidt.com. [Zugriff: 30.06.2020].
> Deutsch-Arabische Freundgesellschaft e. V.: Bildwörterbuch Deutsch-Arabisch: http://dafg.eu/fileadmin/dafg/Weiteres/Bildwoerterbuch/Bildwoerterbuch_gesamt/Bildwoerterbuch_gesamt7.pdf [Zugriff: 30.06.2020].
> Linksammlung allgemein mehrsprachige Informationen: Integrationszentrennrw.de/allgemeine-mehrsprachige-informationen [Zugriff: 30.06.2020].
> Sprach- und Integrationsvermittlung: SprInt Servicestelle: https://www.sprachundintegrationsmittler.org [Zugriff: 30.06.2020].
> Daschner, P. (2017): Flüchtlingskinder an deutschen Schulen – Die besondere Problemlage seit 2017. In: Killus, D./Tillmann, K.-J. (Hrsg.): Eltern beurteilen Schule – Entwicklungen und Herausforderungen. Münster: Waxmann, 83–98.

Gomolla, M. (2009): Elternbeteiligung in der Schule. In: Fürstenau, S./Gomolla, M. (Hrsg.): Migration und schulischer Wandel: Elternbeteiligung. Wiesbaden: VS Verlag für Sozialwissenschaften, 21–49.
Killus, D./Tillmann, K.-J. (Hrsg.) (2017): Eltern beurteilen Schule – Entwicklungen und Herausforderungen. Ein Trendbericht zu Schule und Bildungspolitik in Deutschland. Münster: Waxmann.
Nguyen-Schwanke, H./Schwenke-Lam, T. (2019): Kindergesundheit. Bilingualer Ratgeber und Sprachführer zur Kindergesundheit. Berlin: HORAMI.
Neumann, U./Schwaiger, M. (2011): Regionale Bildungsgemeinschaften – Gutachten zur interkulturellen Elternbeteiligung der RAA. Weinheim/Essen/Hamburg.

Literatur

Auernheimer, G. (Hrsg.) (1984): Handwörterbuch Ausländerarbeit, Stichwort »Elternarbeit«. Weinheim und Basel: Beltz, 114–117.
Forschungsschwerpunkt »Sprachliche Bildung und Mehrsprachigkeit« im Rahmenprogramm zur Förderung der empirischen Bildungsforschung des BMBF: https://www.empirische-bildungsforschung-bmbf.de/de/251.php [Zugriff: 30.06.2020].
Korte, H./Schmidt, A. (1983): Migration und ihre sozialen Folgen. Göttingen: Vandenhoeck & Ruprecht.
LaKI – Landesweite Koordinierungsstelle Kommunaler Integrationsstellen (Hrsg.) (2013): Programm Rucksack Schule – Leitfaden. Dortmund (passwortgeschützte Veröffentlichung).
Lengyel, D./Schmitz, M. unter Mitarbeit von Vesna Ilić, Kathrin Meiners, Katharina Rybarski, Tanja Salem, Aybike Savaç und Constanze Wehner (2017): Evaluation von »Rucksack Schule«, Zwischenbericht, mimeo (Universität Hamburg).
Lengyel, D., Vesna Ilić, Katharina Rybarski & Maria Schmitz (2019): Evaluation von »Rucksack Schule« im Kreis Unna. Abschlussbericht – Messzeitpunkt III und IV. mimeo (Universität Hamburg).
Reich, H. H. (2010): Frühe Mehrsprachigkeit aus linguistischer Perspektive. München: Deutsches Jugendinstitut.

Roth, H.-J./Terhart H. (Hrsg.) (2015): Rucksack – Empirische Befunde und theoretische Einordnungen zu einem Elternbildungsprogramm für mehrsprachige Familien. Münster: Waxmann.

vhw – Bundesverband für Wohnen und Stadtentwicklung e. V. (2018): Migranten, Meinungen, Milieus. Menschen mit Zuwanderungsgeschichte in Deutschland – Identität, Teilhabe und ihr Leben vor Ort (vhw-Migrantenmilieu-Survey). Berlin.

6

Resilienz im Klassenzimmer

Klaus Fröhlich-Gildhoff, Maike Rönnau-Böse und Sabrina Döther

6.1 Einleitung

Die Förderung der seelischen Gesundheit – operationalisierbar über das Resilienzkonzept oder das Konzept der *Lebenskompetenzen* (WHO 1986) – gewinnt eine zunehmende Bedeutung auch im schulischen Zusammenhang; so ist bspw. der Bereich *Prävention und Gesundheitsförderung* eine der fünf zentralen *Leitperspektiven* der Bildungspläne in Schulen in Baden-Württemberg (Bildungsplan Baden-Württemberg 2016). Diese Leitperspektive bezieht sich zunächst auf alle

Schulen und Schüler*innen, hat aber in der Bildung von Kindern mit Fluchterfahrung und deren Familien noch einmal eine besondere Bedeutung. Hier gilt es, den Kindern und Familien zum einen Sicherheit und Orientierung zu bieten: Die Kinder kommen aus unsicheren Verhältnissen, haben z. T. Traumata erfahren (▶ Kap. 7). Sie benötigen zunächst einen sicheren Ort mit klaren Abläufen und Ritualen und zugewandte, geduldige Pädagog*innen als Bezugspersonen, um Vertrauen zu gewinnen, sich zu öffnen und sich dann Lerninhalten zuwenden zu können. Zum anderen bietet die Schule den betreffenden Kindern die Gelegenheit – ansetzend an vorhandenen Stärken –, gezielte Kompetenzen zur Bewältigung der Herausforderungen des Lebens in einer anderen Kultur und einem anderen Schulsystem aufzubauen.

In diesem Beitrag wird zunächst das Resilienzkonzept allgemein beschrieben und dann in seiner Anwendung auf den schulischen Kontext dargestellt. Grundlage hierfür sind zwei Praxisforschungsprojekte des Zentrums für Kinder- und Jugendforschung an der Evangelischen Hochschule Freiburg, an denen insgesamt 24 Grundschulen (Fröhlich-Gildhoff 2014; Fröhlich-Gildhoff/Böttinger 2018) teilgenommen haben. Die wissenschaftliche Evaluation dieser Projekte, an denen auch zahlreiche Familien mit Migrations- und Fluchthintergrund teilgenommen haben, zeigte positive Wirkungen auf Ebene der Institutionen, Lehrer*innen, Kinder und Eltern. Es werden im Weiteren spezifische Hinweise zur Resilienzförderung in der Grundschule bei Kindern mit Fluchterfahrung gegeben.

6.2   Resilienz – Definition und Faktoren

Aus der Vielzahl von Definitionen von Resilienz wird die von Welter-Enderlin/Hildenbrandt am ehesten einer entwicklungsorientierten Perspektive gerecht:

6.2 Resilienz – Definition und Faktoren

»Unter Resilienz wird die Fähigkeit von Menschen verstanden, Krisen im Lebenszyklus unter Rückgriff auf persönliche und sozial vermittelte Ressourcen zu meistern und als Anlass für Entwicklung zu nutzen« (Welter-Enderlin/Hildenbrandt 2006: 13).

In einer weiter gefassten Definition wird Resilienz als eine Kompetenz verstanden, die sich aus verschiedenen Einzelfähigkeiten (Resilienzfaktoren, ▶ Abb. 6.1) zusammensetzt (z. B. Rönnau-Böse/Fröhlich-Gildhoff 2015). Diese Kompetenz ist nicht nur relevant für Krisensituationen, sondern auch notwendig, um z. B. Entwicklungsaufgaben und weniger kritische Alltagssituationen zu bewältigen. Die Einzelbestandteile dieser Kompetenz entwickeln sich im Verlauf der Lebensgeschichte in verschiedensten Situationen, werden unter Belastung aktiviert und manifestieren sich dann als Resilienz. Fingerle (2011: 213) verwendet in diesem Zusammenhang den Begriff des *Bewältigungskapitals*:

»Über Bewältigungskapital zu verfügen bedeutet, Ressourcen zu identifizieren, zu nutzen und über sie zu reflektieren, um eigene Ziele zu erreichen, das eigene Potential von Problemen und Krisen weiter zu entwickeln und am gesellschaftlichen Leben teilzunehmen«.

Inzwischen hat sich die Auffassung durchgesetzt, dass unter Resilienz keine angeborene Eigenschaft oder einmal erlernte Fähigkeit verstanden wird, sondern der Begriff dynamisch und flexibel aufgefasst werden muss. Resilienz kann nicht einmal erworben und dann für immer behalten werden, sondern verändert sich im Laufe des Lebens – abhängig von den Erfahrungen und Ereignissen, die bei der Bewältigung von Krisen und Herausforderungen gemacht und erlebt werden (Opp/Fingerle 2008).

Als stabilster Prädiktor für eine resiliente Entwicklung wurde eine unterstützende und zugewandte Beziehung identifiziert. Die Bedeutung dieses Schutzfaktors wird so konsistent in allen Studien hervorgehoben, dass Luthar (2006: 780) in ihrer Synthese der letzten Jahrzehnte der Resilienzforschung konstatiert: »Resilience rests fundamentally on relationship«. Dass Resilienz also letztendlich immer von Beziehungen abhängt, wird nicht nur von der Resilienzforschung vertreten, sondern auch von vielen anderen Forschungsrichtungen wie der Entwicklungspsychologie (z. B. Dornes 2009) und der Bindungsforschung (z. B. Grossmann/Grossmann 2012). Insbesondere die Bedeutung von sogenannten kompensatorischen Beziehungen, also z. B. Fürsorgepersonen aus dem erweiterten Familienkreis, Freunde, (Ehe-)Partner oder pädagogische/pflegerische Fachkräfte, wird immer wieder betont. Es zeigt sich, dass es nicht entscheidend ist, zu wem diese Beziehung besteht, sondern wie diese Beziehung gestaltet ist, damit sie sich positiv auswirkt. Die Bezugsperson sollte:

- konstant verfügbar sein;
- ein Gefühl von Sicherheit vermitteln;
- feinfühlig auf die Bedürfnisse eingehen können;
- wertschätzend sein, Vertrauen und Unterstützung bieten;
- das Selbstwertgefühl und das Selbstvertrauen stärken;
- eine optimistische Grundhaltung vermitteln;
- herausfordernde, jedoch bewältigbare Anforderungen stellen und dabei individuell-passgenaue Unterstützung anbieten;
- Ermutigung aussprechen und Erfolgsrückmeldung geben.

(Zusammenfassung aus Rönnau-Böse/Fröhlich-Gildhoff 2015; Rönnau-Böse 2013)

Neben diesem Schutzfaktor, der am stärksten zu einer gelingenden, seelisch gesunden Entwicklung beiträgt, können aus Langzeitstudien sechs zentrale personale Kompetenzen als Resilienzfaktoren identifiziert werden (Rönnau-Böse 2013): Angemessene Selbst- und Fremdwahrnehmung, positive Selbstwirksamkeitserwartungen, soziale Kompetenz, Selbstregulations-/Steuerungsfähigkeiten, Problemlösefähigkeiten sowie generelle aktive Bewältigungskompetenzen in Anforderungs- und Krisensituationen.

6.2 Resilienz – Definition und Faktoren

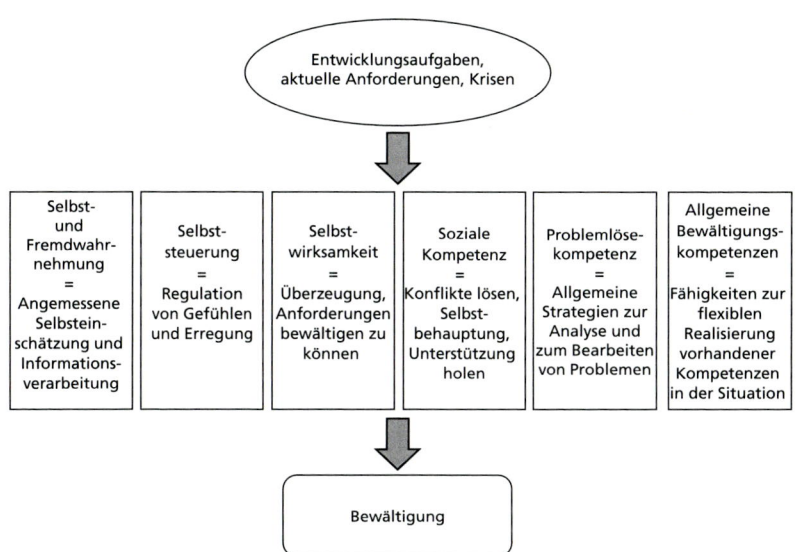

Abb. 6.1: Resilienzfaktoren

Auf Grundlage dieser Faktoren ist es möglich, Förderstrategien – auch in Bildungsinstitutionen – zu entwickeln und somit die Forschungsergebnisse für die Praxis nutzbar zu machen. Allerdings besteht inzwischen immer mehr Konsens darüber, dass eine einseitige Fokussierung auf die personalen Schutzfaktoren bei der Resilienzförderung nicht ausreicht (Fingerle 2011). Eine ganzheitliche sowie nachhaltige Unterstützung muss sowohl personale als auch soziale Ressourcen berücksichtigen, da soziale Faktoren einen großen Beitrag dazu leisten, wie und ob personale Ressourcen als solche erkannt und genutzt werden können (Fingerle 2011). Dies unterstreicht wieder die große Bedeutung von (kompensatorischen) Bezugspersonen und eines gelingenden Beziehungsaufbaus.

Zur direkten Förderung der Resilienzfaktoren gibt es Materialien im Sinne eines Spiralcurriculums für die erste bis vierte Klasse (z. B. Fröhlich-Gildhoff et al. 2020). Wichtiger ist es jedoch, die Resilienzfaktoren im pädagogischen Alltag direkt anzusprechen:

> So schilderte eine Lehrerin, dass sie beim freien Aufsagen von Gedichten in der dritten Klasse zwar noch auf Intonation, korrekte Wiedergabe etc. achtet. Wichtiger sei es jedoch, das Kind zu fragen, wie es ihm beim Aufsagen gegangen ist, was es gefühlt hat (Ansprechen der Selbstwahrnehmung). Das Kind antwortet: »Ein bisschen komisch, etwas Angst«. Die Lehrerin fragt dann, ob es wohl nur ihm so geht. Als das Kind antwortet »Ja«, ist dies eine Gelegenheit zum Abgleich von Selbst- und Fremdwahrnehmung: Als die Lehrerin die Klasse fragt, ob es anderen auch so geht, melden sich mehrere Kinder – das vortragende Kind erlebt, dass es mit dem Gefühl nicht allein ist. Im Weiteren fragt die Lehrerin, was das Kind denn gemacht habe, um mit der Angst umzugehen. Das Kind antwortet, es habe sich zunächst am Hosenbein festgehalten, dann sei ihr der Hund zuhause eingefallen, der so fröhlich über den Hof springt – da sei es leichter gewesen. Damit werden ein Bewältigungsmechanismus und die spezifische Form der Selbststeuerung angesprochen – das Kind lässt sich nicht von der Angst überwältigen – und durch die sprachliche Symbolisierung kognitiv und emotional psychisch verankert.

6.3 Resilienzförderung in der Grundschule bei Kindern mit Fluchterfahrung

In internationalen Studien konnte gezeigt werden, dass die Institution (Grund-)Schule und die dort tätigen Lehrpersonen einen sehr hohen Einfluss auf die seelische Gesundheit sowie die Entwicklung von psychischer Widerstandskraft von Kindern haben (Übersichten hierzu z. B. bei Bengel et al. 2009; Fingerle/Walter 2008). In Deutschland wurden bei der Resilienzförderung in Grundschulen – im Sinne einer universellen Entwicklungsstärkung im Settingan-

6.3 Resilienzförderung in der Grundschule bei Kindern mit Fluchterfahrung

satz – weniger isolierte Programme umgesetzt, sondern die gesamte Organisation Schule und alle Mitglieder der *Schulgemeinde* angesprochen (Fröhlich-Gildhoff et al. 2014; Fröhlich-Gildhoff/Böttinger 2018). Die hier gewonnenen Erkenntnisse wurden auf die Resilienzförderung von Kindern mit Fluchterfahrung übertragen.

Bei der Begegnung von Lehrkräften mit Kindern und Familien mit Fluchterfahrung bestand oftmals und besteht teilweise immer noch eine doppelte Verunsicherung: Die Lehrer*innen sind verunsichert, ob und wie sie die Kinder/Familien ansprechen, mit den Anforderungen des Schulsystems konfrontieren und wie sie mit manchen unerklärlichen, bisweilen herausfordernden Verhaltensweisen umgehen sollen. Die betroffenen Kinder/Familien sind mit der Kultur und den Strukturen eines neuen Landes, damit auch einem neuen Schulsystem konfrontiert und sind aufgrund der Fluchterfahrungen zumeist belastet, nicht selten auch traumatisiert (▶ Kap. 7).

Zur Reduktion dieser Verunsicherung ist wichtig, dass ausgebildete pädagogische Fachkräfte/Lehrkräfte in Schulen unterstützt werden, ihre eigenen Kompetenzen in der professionellen Begegnung mit der spezifischen Zielgruppe weiterzuentwickeln. Fach- und Lehrkräfte brauchen Wissen und Fertigkeiten, wie sie mit diesen Kindern und Familien mit besonderen Problemlagen – wie z. T. dramatischen Erfahrungen auf der Flucht und den Folgen von Entwurzelung und Heimatverlust, aber auch möglichen Traumatisierungen und deren seelisch-körperlichen Auswirkungen – im Rahmen der Grundschule und der dort gegebenen Möglichkeiten pädagogisch arbeiten können. Im Rahmen der Kompetenzentwicklung geht es darum, mögliche Ängste und Vorbehalte zu verringern. Zentral ist, an bereits vorhandenen Erfahrungen der Lehrkräfte und Schulteams mit Kindern und Familien unterschiedlicher (kultureller) Herkunft anzusetzen. Grundsätzlich sind individuelle Bildungsplanung und passgenaue Interaktion Kerngeschäft der Bildung in Schulen – dies und die z. T. vorhandenen Kompetenzen zur Vielfalts-, Inklusions-, Mehrsprachigkeits- oder Interkulturellen Pädagogik gilt es dann auf die spezifische Zielgruppe zu beziehen.

Die Schulteams können so auf der Grundlage des eigenen Wissens und Könnens mehr Handlungssicherheit erlangen.

Kernbestandteile entsprechender *Qualifizierungsmaßnahmen* sind: (1) Eigene Erfahrungen, aber auch Sorgen und Unsicherheiten im Umgang mit Fremdheit und bei interkulturellen Begegnungen – hierbei helfen das Reflektieren eigener Fremdheitserfahrungen (z. B. im Ausland oder in der Begegnung mit anderen Kulturen) in einem vertrauensvollen Rahmen oder spezifische Übungen, die das Verstehen von Fremdheit erleichtern und interkulturelle Kompetenz stärken; (2) die Bedeutung von Flucht, Heimatverlust und Entwurzelung zu thematisieren; (3) Definition und Anzeichen von *Trauma* und Grundsätze für die Begegnung mit traumatisierten Menschen zu kennen; Grundschule als *sicheren Ort* zu gestalten; sowie (4) relevante Prinzipien der Begegnung mit Kindern und Familien mit Fluchterfahrungen in der jeweiligen Schule zu etablieren.

Für die Stärkung der seelischen Gesundheit und Resilienz der Kinder (und Familien!) mit Fluchterfahrung ist es wichtig, dass sie die Grundschule und die dortigen Personen als *sicheren Ort* erleben können und dass konkret an ihrem jeweiligen Stand angesetzt wird.

Eine wichtige Voraussetzung dafür ist eine *Grundhaltung*, die folgende Kennzeichen aufweist (Weiß 2006; Fröhlich-Gildhoff et al. 2016):

- Das Verstehen der Überlebensstrategien und das Wissen um Folgen von Traumatisierung und biografischen Belastungen. Lehrer*innen sollen dabei nicht die Rolle von spezifisch qualifizierten Traumapädagog*innen einnehmen – sie benötigen jedoch Wissen und grundlegende Handlungsstrategien, um Kinder mit Traumafolgestörungen zu verstehen und ihnen angemessen begegnen zu können.
- Das Verständnis, dass die gezeigten Verhaltensweisen normale Reaktionen auf eine extreme Stressbelastung sind, die Kinder also für ihre Reaktionen und Verhaltensweisen einen guten Grund haben.

- Während es in *Akutsituationen* nur darauf ankommt, ein besonders erregtes Kind zu beruhigen, ist bei wiederkehrenden, schwer verständlichen Verhaltensweisen ein systematisches Vorgehen wichtig, das durch den folgenden fünfschrittigen Handlungskreislauf gekennzeichnet ist (Fröhlich-Gildhoff et al. 2016):
  1. Systematisch beobachten (aus Sicht aller Fachpersonen des Teams): Wann tritt das herausfordernde oder beunruhigende Verhalten mit welchen Personen in welchen spezifischen Situationen auf? (Bsp.: Ein Kind nimmt immer wieder anderen Stifte o. Ä. weg und versteckt sie.)
  2. Analysieren/verstehen: Warum zeigt ein Kind das beobachtete Verhalten? Welcher »Sinn« steht dahinter? Möglicherweise ist es für das Kind eine überlebensnotwendige Strategie gewesen, alles »Notwendige«, wie hier die Stifte usw. der Sitznachbarn, einzustecken und zu verstecken – Beobachtungen aller Beteiligten gemeinsam reflektieren.
  3. Handlungsplanung: Weitere Schritte klären. Die o. g. Überlebensstrategie lässt sich nicht kurzfristig, durch Reden und Strafen, verändern. Es braucht geduldiges Eingehen auf das Kind; das Kind braucht als notwendig empfundene Gegenstände für sich, braucht dafür einen sicheren Ort und muss erleben, dass die Dinge dort bleiben und es auf sie zurückgreifen kann. Die Dinge der anderen muss es zurückgeben.
  4. Handeln: Entworfene Handlungsplanung umsetzen. Das Handeln muss konsistent und durch alle Bezugspersonen in der Schule gleichartig erfolgen. Die Handlungsstrategie muss über einen längeren Zeitraum realisiert werden.
  5. Überprüfen/Evaluation: Führte das Vorgehen zum erwarteten Ergebnis? Oft bedarf es mehrerer Runden durch diese fünf Schritte, um die Hintergründe bestimmter Verhaltensweisen von Kindern aufzudecken. Zeigt die Umsetzung der ersten Handlungsplanung nicht das gewünschte Ergebnis, werden die Verhaltensweisen weiter beobachtet und im Team reflektiert.

- Respekt vor der (Über-)Lebensleistung der Kinder.
- Eine Schwerpunktsetzung auf die Ressourcen und Stärken der Kinder.

Im konkreten Kontakt ist auf folgende Aspekte zu achten (Fröhlich-Gildhoff et al. 2016):

- *Sichere Beziehungen anbieten*, die einfühlsam und dialogisch aufgebaut und von Wertschätzung geprägt sind. Fachkräfte/Lehrkräfte müssen für das Kind präsent, authentisch und zuverlässig sein. Dabei ist oftmals ein hohes Maß an Geduld erforderlich: Ein Teil der Kinder hat im Verlauf des Lebens und auf der Flucht Beziehungsabbrüche und Unvorhersehbares erlebt – die Kinder sind daher möglicherweise vorsichtig oder misstrauisch. Es wird dauern, bis sie sich öffnen und Vertrauen fassen können.
- *Das Verhalten zu verstehen versuchen:* Verhaltensweisen (und mögliche Symptome) müssen mit der Vorgeschichte des Kindes in Zusammenhang gebracht werden, um ein Verständnis gegenüber dem Verhalten eines Kindes zu ermöglichen (s. o.). Aussagen – und die damit verbundene Haltung – wie z. B. »Du hast einen Grund, dich so zu verhalten, weil...« fördern sowohl bei der Lehrkraft als auch bei dem Kind das Selbstverstehen.

> Eine Lehrerin berichtete in einer Weiterbildung von einem siebenjährigen Jungen, der sich oft mehrfach am Vormittag unter den Tisch setzte, einschlief, dann hochschreckte und anfing zu schreien. Sie versuchte, dieses Verhalten mit Ermahnen, in die Ecke setzen, Zusatzaufgaben etc. abzubauen – nichts änderte sich. Dann entschloss sie sich, den Jungen und seine Eltern zuhause zu besuchen, auch weil die Eltern nicht auf schriftliche oder telefonische Kontaktversuche reagierten. Die Familie (Eltern, der Junge und drei Schwestern) lebte seit 18 Monaten auf sehr beengtem Raum in einer Notunterkunft, in die sie nach der Registrierung und der Erstaufnahme eingewiesen worden war. Die Eltern sprachen Englisch, so dass ein Gespräch ohne

6.3 Resilienzförderung in der Grundschule bei Kindern mit Fluchterfahrung

> Dolmetscher möglich war. Es zeigte sich, dass es auch nachts in dem Haus sehr laut war und der Junge nur schlecht (durch)schlafen konnte – entsprechend müde war er dann in der Schule. Die Lehrerin besorgte ein Sofa, das sie mithilfe des Hausmeisters und Genehmigung des Rektors hinten in den Klassenraum stellte. In Absprache mit dem Jungen und der übrigen Klasse bekam er die Erlaubnis, sich zum Schlafen auf das Sofa zu legen, wenn er müde war. Die *Störungen* im Unterricht waren sofort beendet. Die Klasse trug dieses *Privileg* mit, weil die Lehrerin es deutlich erklärte – und klarmachte, dass andere Kinder auch Unterstützung bekämen, wenn sie diese benötigen würden.

- *Unterstützung bei der Selbstregulation anbieten:* Der Umgang mit Gefühlen ist besonders im Zusammenhang mit der Unterstützung der Kinder bei der Regulation von Affekten und Impulsen, aber auch im Umgang mit Grenzen von großer Bedeutung. Traumatisierte Kinder befinden sich oft in einem regelrechten Wechselbad der Gefühle. Sie schwanken schnell zwischen unterschiedlichen emotionalen Zuständen und zeigen plötzlich sehr herausforderndes, aggressives Verhalten, nachdem sie kurze Zeit vorher noch eher ruhig und zurückgezogen gewirkt haben. Die Kinder brauchen in dieser Situation Fachkräfte, die ihnen Alternativen zu ihren Reaktionen aufzeigen. Hier kann es – in ruhigen Situationen – sinnvoll sein, Filter einzuüben. Dies bedeutet, mit dem Kind Möglichkeiten zu entwickeln und zu erproben, wie es starke Erregungen stoppen kann (z. B. durch ruhiges Atmen, sich an etwas festhalten [Beruhigungsstein, s. u.], gezielte Ablenkung [Bild von schönem Erlebnis], sich um ein Kuscheltier oder eine Puppe kümmern etc.).

> Eine Möglichkeit ist die Gestaltung von Gefühlssteinen: Die Kinder dürfen sich einen Stein auswählen und diesen nach ihren Wünschen gestalten. Je nach Bedürfnis des Kindes kann ein Mut- oder auch ein Wutstein entstehen. Die Lehrperson bespricht mit jedem Kind, in welchen Situationen es seinen Stein

> nutzen möchte und wo er aufbewahrt werden soll. Trägt ein Kind den Stein beispielsweise in der Hosentasche und kommt in eine Situation, in der es merkt, dass es sehr wütend und aggressiv wird, kann es den Wutstein fest drücken, so die Wut abbauen und sich selbst regulieren. In Verbindung mit klaren Regeln und Strukturen im Schulalltag, die von allen Fachkräften des Kollegiums gleichermaßen umgesetzt werden, können solche kleinen Übungen und Methoden den Kindern alternative Verhaltensweisen aufzeigen und sie im Umgang mit ihren Gefühlen unterstützen.
>
> Manchmal kann es auch ausreichen, besonders unruhigen Kindern als Sitzgelegenheit einen sog. Pezziball (aufblasbarer Gummiball) zur Verfügung zu stellen oder ihnen zu erlauben, den eigenen Sitzplatz mit »Seitenwänden« abzuschirmen, damit sie weniger abgelenkt sind. Manchmal benötigen unruhige Kinder von der/dem Lehrer*in erlaubte und initiierte individuelle Bewegungszeiten (»Ich sehe, du brauchst jetzt ein wenig Bewegung – lauf einmal um die Schule und dann setzt du dich wieder auf deinen Stuhl«).

- *Eine klare Struktur:* Kinder müssen sich einfach im Schulalltag zurechtfinden können, damit sie sich auf Lernprozesse einlassen können. Zu einer solchen Struktur gehören verlässliche und wiederkehrende Abläufe (ritualisierter Alltag, ein gewohnter Rhythmus), überschaubare Räume (Ruhe- und Rückzugszonen, Reizüberflutungen insgesamt vermeiden) und ein gleichbleibendes Team mit (möglichst) wenig Personalwechsel.
- *Selbstwirksamkeitserfahrungen durch bewältigbare Aufgaben stärken:* Viele Kinder mussten sich während der Flucht unterordnen und eigene Wünsche und Bedürfnisse zurückstellen bzw. ganz unterdrücken. Daher ist es nun – in der Schule als sicherem Ort – wichtig, dass vielseitige und positive Selbst-Erfahrungen gemacht werden können. Kinder können z. B. ermutigt werden, mehr eigene Entscheidungen zu treffen, oder auch kleine – gut bewältigbare – Aufgaben können übertragen werden.

- *Aufmerksamkeitsprobleme* nicht bestrafen, aber auch nicht ignorieren. Unterstützend ist eine pädagogische Haltung, die ermutigt und motiviert, positive Lernerfahrungen und Erfolgserlebnisse ermöglicht und diese auch anerkennend zurückmeldet. Es sollte eine fehlerfreundliche Grundhaltung eingenommen werden, die Kinder immer wieder motiviert, sich von Fehlschlägen nicht entmutigen zu lassen. Schnelle Erfolgserlebnisse fördern die kindliche Motivation, sich weiter auszuprobieren und Lernprozesse einzugehen.
- *Ein besonders reflektierter Umgang mit Grenzen:* Grenzüberschreitendes Verhalten erfordert ein besonnenes Handeln von der Fachkraft. Strenge, Disziplin und Strafen als Maßnahmen können zu Kontrollverlust, Ängsten und Rückzug bei traumatisierten Kindern führen. Die Gefahr besteht, dass sich die Kinder noch weiter von ihren Mitmenschen und sich selbst entfernen. Andererseits müssen Kindern Grenzen verdeutlicht werden, was mit zunehmendem Erlernen der deutschen Sprache zunehmend besser differenziert werden kann. Bei Grenzverstößen und Konfliktsituationen sollte den Kindern verdeutlicht werden, wo die Grenzverletzung liegt, welche Folgen daraus entstehen und wie ein alternatives Verhalten aussehen kann. Reine Bestrafungsmaßnahmen, wie z. B. die Kinder vor die Tür zu setzen, sind kein adäquates Mittel.

6.4 Fazit

Der Kern der Resilienzförderung in der Grundschule besteht darin, jedes einzelne Kind zu sehen und an dessen Stärken anzusetzen. Besonders wichtig ist es, das Beziehungsangebot auf das Kind passend zu beziehen – und damit auf einzelne Kinder, die besondere Bindungsbedürfnisse zeigen, spezifisch einzugehen. Dies bedeutet keine »Rundum-Betreuung«, jedoch das Gewährleisten kontinuierlicher, verlässlicher Begegnungen, klarer Zeiten des dyadischen Bezugs. Ebenso kommt es darauf an, dass jedes einzelne Kind Selbstwirksamkeitserfahrungen machen kann, auf diese Weise Bewältigungserfahrungen möglich sind und die Resilienz gestärkt wird. Es ist wünschenswert, wenn (Grund-)Schulen neben der klassischen Bewertungskultur eine Bestärkungskultur etablieren, um die Gesundheit der Schüler*innen zu fördern.

Kinder mit Fluchterfahrungen sind aufgrund ihrer vulnerablen Situation und Geschichte besonders auf die Verwirklichung dieser Grundprinzipien angewiesen. Es bedarf keiner *neuen* Pädagogik, jedoch eines besonderen (Be-)Achtens dieser Kinder und ihrer Lebenssituation, ein besonderes Verstehen der manchmal unverständlich erscheinenden Verhaltensweisen und damit auch ein besonderes Maß an Geduld der Lehrer*innen.

> **Weiterführende Anregungen und Hinweise für die pädagogische Praxis**
>
> Bleher, W./Gingelmaier, S. (Hrsg.) (2017): Kinder und Jugendliche nach der Flucht: Notwendige Bildungs- und Bewältigungsangebote. Weinheim: Beltz.
>
> Fischer, S./Fröhlich-Gildhoff, K. (2019): Chancen-gleich. Kulturelle Vielfalt als Ressource in frühkindlichen Bildungsprozessen. Manual zur Qualifizierung pädagogischer Fachkräfte. Stuttgart: Kohlhammer.
>
> Fröhlich-Gildhoff, K./Kerscher-Becker, J./Hüsson, D./Steinhauser, H./Fischer, S. (2016): Handreichung für pädagogische Fachkräfte. Stärkung von Kita-Teams in der Begegnung mit Kindern und Familien mit Fluchterfahrung. Freiburg: FEL. (Vom Grundansatz her auch für Grundschule geeignet)
>
> Grimm, M./Schlupp, S. (2018): Flucht und Schule: Herausforderungen der Migrationsbewegung im schulischen Kontext. Weinheim: Beltz Juventa.
>
> McElvany, N./Jungermann, A./Bos, W./Holtappels, H. G. (Hrsg.) (2017): Ankommen in der Schule: Chancen und Herausforderungen bei der Integration von Kindern und Jugendlichen mit Fluchterfahrung (IFS-Bildungsdialoge). Münster: Waxmann.
>
> Wagner, P. (2013): Handbuch Inklusion. Grundlagen vorurteilsbewusster Bildung und Erziehung. Freiburg im Breisgau: Herder.

Deutscher Bildungsserver: https://www.bildungsserver.de/Flucht-Asyl-und-Migration-3377-de.html Infos zu Asyl und Flüchtlingsschutz, Betreuung in Kitas, Schule, Unterricht. [Zugriff: 30.06.2020].
https://eine-welt-netz-nrw.de/fileadmin/ewn/data/Bildung/Forum_Globales_Lernen/BM_Flucht_k08_2016.pdf [Zugriff: 30.06.2020].

Literatur

Bengel, J./Meinders-Lücking, F./Rottmann, N. (2009): Schutzfaktoren bei Kindern und Jugendlichen. Stand der Forschung zu psychosozialen Schutzfaktoren für Gesundheit. In: Forschung und Praxis der Gesundheitsförderung (35). Köln: Bundeszentrale für gesundheitliche Aufklärung (BZgA).

Bildungsplan Baden-Württemberg (2016): Leitperspektive Prävention und Gesundheitsförderung. http://www.bildungsplaene-bw.de/,Lde/Startseite/BP2016BW_ALLG%20/BP2016BW_ALLG_LP_PG [Zugriff: 25.05.2020].

Dornes, M. (2009): Der kompetente Säugling. Die präverbale Entwicklung des Menschen (14. Aufl.). Frankfurt am Main: Fischer.

Döther, S./Fröhlich-Gildhoff, K. (2018): Erkenntnisse aus der Implementation und Evaluation eines Curriculums zur Unterstützung der Kompetenzentwicklung von Kita-Teams in der Begegnung mit Kindern und Familien mit Fluchterfahrung. In: Frühe Bildung 7 (4), 206–214.

Fingerle, M. (2011): Resilienz deuten – Schlussfolgerungen für die Prävention. In: Zander, M. (Hrsg.): Handbuch Resilienzförderung. Wiesbaden: VS, 208–218.

Fingerle, M./Walther, P. (2008): Resilienzförderung. In: Fingerle, M. (Hrsg.): Sonderpädagogische Förderprogramme im Vergleich. Orientierungshilfen für die Praxis. Stuttgart: Kohlhammer, 141–156.

Fröhlich-Gildhoff, K./Becker, J./Fischer, S. (2020): Prävention und Resilienzförderung in Grundschulen (PRiGS). Ein Förderprogramm. 2., überarbeitete und aktualisierte Aufl. München: Reinhardt.

Fröhlich-Gildhoff, K./Böttinger, U. (Hrsg.) (2018): Prävention und Gesundheitsförderung als kommunale Strategie. Konzept, Entwicklung und Evaluation des »Präventionsnetzwerks Ortenaukreis (PNO)«. Freiburg: FEL.

Fröhlich-Gildhoff, K./Kerscher-Becker, J./Hüsson, D./Steinhauser, H./Fischer, S. (2016): Handreichung für pädagogische Fachkräfte. Stärkung von Kita-

Teams in der Begegnung mit Kindern und Familien mit Fluchterfahrung. Freiburg: FEL.

Fröhlich-Gildhoff, K./Kerscher-Becker, J./Rieder, S./von Hüls, B/Hamberger, M. (2014): Grundschule macht stark! Resilienzförderung in der Grundschule – Prinzipien, Methoden und Evaluationsergebnisse. Freiburg: FEL.

Fröhlich-Gildhoff, K./von Kleist, C./Kerscher-Becker, J./Döther, S. (2017): Die Unterstützung der Kompetenzentwicklung von Kita-Teams in der Begegnung mit Kindern und Familien mit Fluchterfahrung. Praxis der Kinderpsychologie und Kinderpsychiatrie, 66 (4), 259–276.

Grossmann, K. E./Grossmann, K. (2012): Bindung – Das Gefüge psychischer Sicherheit. Stuttgart: Klett-Cotta.

Luthar. S. S. (2006): Resilience in development: A synthesis of research across five decades. In: Cicchetti, D./Cohen, D. J. (Eds.): Developmental Psychopathology: Risk, disorder, and adaption. New York: Wiley, 739–795.

Opp, G./Fingerle, M. (Hrsg.) (2008): Was Kinder stärkt. Erziehung zwischen Risiko und Resilienz. 3. Auflage. München: Reinhardt.

Rönnau-Böse, M. (2013): Resilienzförderung in der Kindertagesstätte. Freiburg: FEL.

Rönnau-Böse, M./Fröhlich-Gildhoff, K. (2015): Resilienz und Resilienzförderung über die Lebensspanne. Stuttgart: Kohlhammer.

Weiß, W. (2006): Philipp sucht sein Ich. Zum pädagogischen Umgang mit Traumata in den Erziehungshilfen. 3., aktualisierte Auflage. Weinheim: Juventa.

Welter-Enderlin, R./Hildenbrand, B. (2006): Resilienz – Gedeihen trotz widriger Umstände. Heidelberg: Carl-Auer.

WHO (1986): Ottawa-Charta zur Gesundheitsförderung. http://www.euro.who.int/_data/assets/pdf_file/0006/129534/Ottawa_Charter_G.pdf [Zugriff: 26.05.2020].

7

Geflüchtete Kinder und Traumatisierung

Christine Bär

Geflüchtete Kinder sind vielfachen Trennungs- und Verlusterfahrungen ausgesetzt. Ihre Flucht kann in aller Regel nicht im geschlossenen Familienverband stattfinden und viele Kinder haben den Tod und/oder Verlust einzelner Familienmitglieder, Verwandter oder Freunde erleiden müssen. Eltern mussten ihre Kinder, Eltern oder (Ehe-)Partner*in im Herkunftsland oder auf der Flucht zurücklassen, mit dem Ziel, sie Jahre später nachzuholen. Mitgenommene Kinder mussten wiederum häufig ihre Geschwister, Großeltern oder einen Elternteil zurücklassen. Besonders der Tod von Angehörigen, aber auch das Zurücklassen in Kriegsgebieten bringt enorme Schuldgefühle mit sich. Die Trennungen und oftmals unwiederbringlichen Verluste sind i. d. R. das zentrale Thema für viele geflüchtete Kinder. Sie sind schwer zu verarbeiten und häufig eng verknüpft mit weiteren fluchtbedingten Traumatisierungen. In welcher Form sich diese in Familie und Schule manifestieren und wie damit von professioneller Seite aus umgegangen werden kann, soll im Folgenden erörtert werden.

7.1 Flucht als Sequenzielle Traumatisierung der einzelnen Familienmitglieder

Die vielfältigen Verluste, Entbehrungen und Erschütterungen, die eine Flucht mit sich bringt, legen nahe, dass es sich nicht um ein punktuell traumatisierendes Ereignis handelt. Vielmehr ist davon auszugehen, dass das Trauma einer Flucht ein langjähriger Prozess ist und mehrere Sequenzen aufweist, die von den Erfahrungen im Herkunftsland (Sequenz I) über die Flucht selbst (Sequenz II) bis zur Anfangszeit im Zufluchtsland (Sequenz III) und der Chronifizierung der Vorläufigkeit durch die diskriminierenden Aufnahme- und Lebensbedingungen in den Zielländern (Sequenz IV) reichen und den Reizschutz nachhaltig durchbrechen (Becker 2006: 190–92; Zimmermann 2012: 43–46).

Der Reizschutz wird demnach weniger durch das einmalige Auftreten einer traumatisch überwältigenden Situation durchbrochen, sondern durch viele sich anhäufende Situationen der existenziellen Unsicherheit, des Überlebenskampfes, der Kränkungen sowie der vielfachen Trennungen und zum großen Teil endgültigen Verluste.

Das ursprünglich von Keilson (1979) begründete und von Becker (2006) und Zimmermann (2012) weiterentwickelte Konzept der Sequenziellen Traumatisierung macht deutlich, wie sich das Trauma insbesondere in Sequenz III und IV, also in den ersten Jahren nach gelungener Flucht, durch unsichere und bedrohliche Aufenthaltsbedingungen chronifizieren kann. Die Ankunftsbedingungen in den ersten Jahren nach der Flucht bedeuten eine existenzielle Unsicherheit und einen Überlebenskampf, der traumatisierend wirkt. Da die Eltern häufig über Jahre keiner einträglichen Tätigkeit nachgehen können, werden ihre nicht lebbaren Ziele auf die Kinder übertragen. Die Kinder werden als Hoffnungsträger der Familien projiziert, deren schulischer Erfolg den unsicheren Aufenthaltsstatus der gesamten Familie langfristig sichern könne.

Das sich oftmals über Jahre hinstreckende Asylverfahren und die jahrelange Unsicherheit des Aufenthaltes bedeuten für viele Familien eine erneute Traumatisierung, die vorhergehende Traumatisierungen durch den Krieg im Herkunftsland und die Flucht noch verfestigt. Nicht zuletzt lassen die Bedingungen in den Gemeinschaftsunterkünften und die unsichere Aufenthaltsperspektive für viele Familien kein Ankommen zu (Bär 2019a: 74–77).

7.2 Rollenumkehr und Parentifizierung in geflüchteten Familien

Da eine aufenthaltsrechtliche Sicherheit sich in vielen Familien häufig über Jahre durch monatlich zu verlängernde Duldungen hinzieht und die »Welt der Eltern schwer erschüttert ist« (Rauwald 2016, *im Titel*, C. B.), versuchen viele Kinder, die erlittenen Schmerzen ihrer Eltern aufzufangen und ihnen tatkräftig zur Seite zu stehen. Ebenso wie ein Großteil der Kinder sind viele Eltern oftmals traumatisiert von der Flucht und den damit verbundenen Gewalterfahrungen und Verlusten. Sie finden sich zudem durch die fremde Sprache und die Unmöglichkeit zu arbeiten häufig noch weniger in der neuen Umwelt zurecht als die Kinder, die sich durch die Schule als »Nabel zur Welt« die fremde Umwelt schneller aneignen können (Wirtgen et al. 2010: 119 f.). So kommt es häufig vor, dass Kinder ihre Eltern regelmäßig zum Arzt und zu

Ämtern begleiten, für sie dort übersetzen und vorsprechen. Auch bei Elternabenden oder Elternsprechtagen in der Schule übernehmen häufig ältere Geschwister die Rolle der Eltern, da diese sich noch weniger im Schulsystem und mit der Sprache zurechtfinden (ebd.). Besonders Mädchen übernehmen die Fürsorge für ihre Geschwister und Eltern und sind im Falle von Klassenfahrten oder Schüleraustauschen kaum abkömmlich für die Familien. In einigen Familien ist ein Elternteil durch die Flucht und die migrationsbedingten Trennungen und Traumatisierungen körperlich und/oder seelisch erkrankt, ohne dass Zugang zu einer Therapie besteht (Lewek/Naber 2017: 34 f.). Die Kinder leiden darunter, können dies aber oft nicht thematisieren, da sie die Loyalität zu ihren Eltern nicht gefährden wollen. Das Trauma kann eine innere Sprachlosigkeit hervorrufen; es herrscht ein innerfamiliäres Gebot des Schweigens (Zimmermann 2012: 212 f.). Von den Kindern wird häufig eine Anpassung an die äußeren Notwendigkeiten (schnell die Sprache zu lernen, sich in der Schule und im Alltag ohne Unterstützung zurechtzufinden) erwartet bei gleichzeitiger Loyalität an die Eltern und deren unausgesprochene Traumata. Die Eltern projizieren ihre Kinder als *Rettende* in einer für sie selbst oftmals ausweglosen Situation. Darüber hinaus ist aus der Familienforschung zu Flucht und Vertreibung bekannt, dass traumatisierte Eltern häufig unbewusst versuchen, ihr beschädigtes Selbst durch die Leistungen der Kinder zu heilen oder zumindest zu stabilisieren. Die häufig (über-)angepasste und vermeintlich selbstständige Entwicklung der Kinder macht es für die zuständigen Pädagog*innen nicht leicht zu erkennen, ob sich dahinter eine Traumatisierung der Kinder verbirgt.

7.3 Symptome von Traumatisierungen

Oftmals werden Symptome von Traumatisierungen unter dem psychiatrischen Krankheitsbild des Posttraumatischen Belastungs-

Syndroms (PTBS) zusammengefasst. Da diagnostizierte psychiatrische Krankheitsbilder oftmals stigmatisierend wirken, sind sie für Pädagog*innen vorwiegend zum Erkennen der Symptome und der dahinterliegenden Traumatisierungen sinnvoll. Für Pädagog*innen sind Traumatisierungen hauptsächlich an Verhaltensweisen zu erkennen, die in der Schule für Irritationen sorgen.

Verringerte Reizschwelle

Übererregung, Angstzustände, Schlaflosigkeit, Alpträume oder Flashbacks und psychische *Dumpfheit* oder Anästhesie (»psychic numbing«) treten häufig abwechselnd auf (Quindeau/Rauwald 2016: 388). Darüber hinaus können eine erhöhte »Schreckhaftigkeit, (...) paranoid gefärbte Stimmung, Beeinträchtigung der Affektwahrnehmung und Affektdifferenzierung, Impulssteuerungsprobleme, Regression, Selbstentfremdung und Dissoziation (...) sowie Erinnerungsverlust und Verleugnung« bestehen (Maywald 2018: 27).

Sozial-emotionale Beeinträchtigungen

Sowohl starker Rückzug bis zur Sprachlosigkeit als auch eine ungehemmte Aggression gegenüber Mitschüler*innen und Lehrer*innen können auf eine Traumatisierung hinweisen. Ebenso Lern- und Konzentrationsstörungen wie auch umgekehrt eine Überanpassung an Leistungsanforderungen und hohe Verantwortungsübernahme um den Preis der kindlichen Entwicklung und des kindlichen Spielvermögens (Wirtgen et al. 2010: 114).

Gestörte Beziehungsebene und Bindungstrauma

Ein wichtiger Hinweis besonders für eine frühkindliche Traumatisierung ist eine ausgeprägte Beziehungsstörung, die sich u.a. in der Schüler*in-Lehrer*in-Beziehung bzw. in der Beziehungsstörung unter Gleichaltrigen zeigt (Zimmermann 2017: 42 f.). Kann weder von Lehrkräften noch von Gleichaltrigen eine tragfähige Beziehung zu dem geflüchteten Kind aufgebaut werden, ist dies ein Hinweis auf eine schwere Beschädigung der Persönlichkeit durch frühe Bindungstraumata, welche ihren Ursprung weniger in einer sequenziellen Traumatisierung durch die Flucht als vielmehr in (oftmals schon frühen) gewaltvollen oder vernachlässigenden familiären Beziehungen haben (Quindeau/Rauwald 2017: 20 f.). Diese in der frühen Kindheit durch die wichtigen Bezugspersonen verursachten Bindungstraumata prägen sich schwer in die Identität des Kindes ein und werden zum Teil des »psychischen Apparats« (Küchenhoff 1990: 18). Sie sind für Lehrkräfte und andere Bezugspersonen besonders schwer zu durchbrechen. Viele geflüchtete Kinder weisen jedoch eine sequenzielle Traumatisierung durch die Flucht auf. Wenn darüber hinaus auch ein frühes Bindungstrauma vorliegt, stellt dies eine besonders schwerwiegende Traumatisierung dar, die nur über langjährige korrektive Beziehungserfahrungen in die Persönlichkeitsentwicklung integriert werden kann (Quindeau/Rauwald 2017: 21 f.).

7.4 Übertragung und Wiederholungszwang der traumatischen Beziehungen

Seit den Arbeiten von Freud (1926) ist bekannt, dass Traumatisierungen, die oftmals einer schweren Beziehungsstörung zugrunde liegen, unbewusst einem Wiederholungszwang unterliegen. Dies bedeutet, dass aktuelle Beziehungen von den Traumatisierten wie frühere immer wieder (unbewusst) traumatisch hergestellt und gestaltet werden. Denn solange Traumatisierungen nicht verarbeitet werden konnten, wiederholen die Betroffenen sie unbewusst (Streeck-Fischer 2006: 194). Dies kann in Form von selbstschädigendem Verhalten, von Aggression oder starkem Rückzug oder aber in Form einer negativen Grundstimmung und Beziehungsstörung geschehen. Denn alle prägenden Beziehungen (sowohl positive, im

7.4 Übertragung und Wiederholungszwang der traumatischen Beziehungen

Falle von Traumatisierungen, aber vor allem negative Beziehungen) mit signifikanten Bezugspersonen (z. B. Eltern, Geschwister, Großeltern) aus der frühen Kindheit überträgt ein Mensch auf aktuelle Bezugspersonen, so z. B. auf die Lehrperson. Die aktuelle Bezugsperson wird automatisch so wahrgenommen wie frühere Bezugspersonen, oftmals ohne dass sich das Kind dessen bewusst ist. Die aktuelle Beziehung (z. B. zur Lehrkraft) wird gerade bei traumatischen Beziehungserfahrungen unbewusst so gestaltet, dass sich die Lehrkraft hilflos wie ein traumatisiertes Kind (konkordante Übertragung) fühlt oder wie die traumatisierenden Aggressoren, denen das Kind ausgesetzt war (komplementäre Übertragung) (Racker 1968: 134 f.).

Bei der durch Traumata belasteten Übertragungsbeziehung spürt die Lehrperson die auf sie übertragenen Gefühle entweder als starke Ohnmacht, überflutende Angst, Sprachlosigkeit oder auch in Form von extremer Verwirrung, Überforderung, Aggression oder Wut bzw. als Gefühl, das Kind nicht länger aushalten zu können, also loswerden zu müssen.

Jedes Weggeben bedeutet ein Scheitern des (trauma-)pädagogischen Auftrags und eine erneute Traumatisierung für das Kind. Hier bildet sich ein Teufelskreis ab, durch den traumatisierte Kinder häufig von einer Institution zur anderen gegeben werden. Oftmals verspürt die jeweilige Lehrperson starken Handlungsdruck, den *Störenfried* loswerden zu müssen, oder kaum auszuhaltende Ohnmachtsgefühle, die sich durch die Übertragung des Traumas ergeben und unbewusst wirken.

Wenn die Lehrperson die auf sie projizierte oder übertragene Rolle aushalten kann, anstatt in der Rolle, die auf sie übertragen wird, mitzuagieren, können diese haltenden und korrektiven Beziehungserfahrungen von der traumatisierten Person verinnerlicht werden. Diese neuen positiven Beziehungserfahrungen können so den Teufelskreis des Traumas und des damit einhergehenden Wiederholungszwangs überwinden helfen (vgl. Finger-Trescher 1987: 139 ff.). Die Pädagog*innen brauchen ihrerseits den Halt der Institution, in der das pädagogische Fallverstehen innerhalb einer

Schulkultur von Supervision und kollegialer Beratung fruchtbar werden kann (Zimmermann 2017: 59). Nur mithilfe einer haltgebenden Institution und der Kultur des Fallverstehens können Beziehungsabbrüche durch negative Übertragungsbeziehungen vermieden bzw. kann langfristige Beziehungsarbeit ermöglicht werden. Die vielfältigen Verluste und Traumata, die Kinder und Eltern durch eine Flucht erleiden müssen, erfordern es, um die verlorenen Objekte und Selbstanteile zu trauern (Grinberg/Grinberg 1990: 105). Oftmals ist nicht deutlich, inwiefern die Kinder aus klinischer Sicht traumatisiert sind oder inwiefern es sich um notwendige depressive Symptome in Form eines Trauerprozesses handelt, die als Antwort auf den Schmerz um die Verluste mit dem Migrationsprozess einhergehen. Die Grenzen sind hier oftmals fließend und für Lehrkräfte nicht deutlich zu treffen.

Am Beispiel von Djamil[1] soll gezeigt werden, wie fragil der schulische Umgang mit geflüchteten Kindern ist, die sich in einer (traumatischen) Krise nach der Flucht befinden.

7.5 Fallbeispiel

Der dreizehnjährige Djamil ist mit seinen Eltern und Geschwistern aus Syrien geflohen und zum Zeitpunkt der Beobachtung (Mai und Juni 2017) seit zwei Jahren in Deutschland. Seit zehn Monaten besucht er die Intensivklasse einer Grund- und Gesamtschule mit

---

1 Hier handelt es sich um ein Fallbeispiel, das bezogen auf den institutionellen Rahmen der Schule näher analysiert wird (in Bär 2019b). Djamil ist zwar nicht mehr im klassischen Grundschulalter, die Eingliederung in jüngere Klassen ist aber typisch für geflüchtete Kinder und Jugendliche, da sie durch die Flucht und den anschließenden Spracherwerb häufig viele Jahre ihrer Schulzeit verloren haben und in Deutschland nicht nahtlos anknüpfen können.

Förderstufe. Er soll nach den Sommerferien, also nach einem Jahr in der Intensivklasse, komplett in die 5. Regelklasse wechseln, nachdem er bereits seit ein paar Monaten in einzelne Fächer der Regelklasse, z. B. Englisch oder Sport, stundenweise eingegliedert wurde. Die bevorstehende komplette Eingliederung in die Regelklasse macht ihm Angst und er beteuert der Lehrkraft in der Intensivklasse, Frau C., immer wieder, dass er die in seinem Stundenplan bereits festgesetzten Stunden in der Regelklasse nicht besuchen will und dort nur stört bzw. die Aufgaben verweigert, da er das alles dort nicht verstehe. Frau C., 25 Jahre alt, leitet die Klasse seit April 2017. Obwohl die Intensivklasse mit Frau C. schon die vierte Lehrerin in einem Jahr hat, ist auch diesmal klar, dass Frau C. nur bis zu den Sommerferien bleiben wird, da die Klasse dann zusammengelegt wird und Frau C. ihr Referendariat beginnt. Den Schülern der Klasse wurden damit zwangsläufig vier Beziehungsabbrüche in nur einem Jahr zugemutet.

> Immer wieder berichtet mir Frau C., Djamil wolle nicht in die Regelklasse zum Unterricht gehen. Wenn er dann doch hingehe, störe er die Mitschüler und es komme zu Absonderungsverhalten, Aggressionen und Handgreiflichkeiten. Die Störungen kamen zwar auch regelmäßig in der Intensivklasse vor, jedoch hatte er hier seinen eigenen Platz, eine Bank für sich alleine, auf die er sich quasi als Schutz vor zu viel Nähe vor den anderen Mitschülern zurückzog. Doch auch diese kleine *Schutzbastion* musste fast jede Stunde ausgeweitet werden, da er die kommunikative Interaktion (z. B. durch Unterrichtsgespräche, Gruppenarbeiten etc.) in der Klasse kaum aushielt. So stellte die Lehrerin einen Tisch und eine Bank nach draußen in den Flur in eine Ecke nahe der Tür, wohin sich Djamil regelmäßig flüchten konnte. Dies nutzte er auch jede Stunde, wenn es ihm in der Klasse aufgrund von schwierigen sozialen Interaktionen zu viel wurde, aber auch bei Überforderungsgefühlen gegenüber den gestellten Aufgaben. Die Lehrerin akzeptierte dies und stellte ihm draußen auf der Bank einen Wecker über zehn, fünfzehn

oder zwanzig Minuten. Erstaunlicherweise konnte er sich dann vor der Tür allein auf seiner Bank besser auf die Aufgaben konzentrieren und das ihm vorgelegte Arbeitsblatt relativ eigenständig vollenden. Die Lehrerin ging dann regelmäßig zu ihm hinaus, um ihn bei der Aufgabenstellung zu unterstützen oder einfach ihr Dasein spüren zu lassen.

Obwohl dieses Arrangement schon zum besseren Lernklima in der Intensivklasse beigetragen hatte, berichtete die Lehrerin mir, dass sie sich weiterhin um Djamil sorge, da er in der Pause entweder allein sei oder Streit suche. Auch im Unterricht halte er alle Mitschüler*innen durch abfällige Bemerkungen und weitere Provokationen von sich fern. Darüber hinaus dauere alles sehr lang bei ihm, es falle ihm schwer, sich auf die Aufgaben zu konzentrieren und nicht gleich zu verzagen.

Djamil: »*Nicht in vier Jahren, nicht in 10. Klasse werde ich damit fertig*« – Das Steckenbleiben im familiären Fluchttrauma.

Djamil beteuert immer wieder, dass er all das, was in der Schule gefordert wird, nicht schaffen könne. So betont er des Öfteren im Unterricht, dass er nicht mal ein Jahr lang in Deutschland in der Schule sei. Zu vermuten ist, dass er aufgrund des Krieges über lange Zeit keine Schule besuchen konnte. Einmal wirft er sein Arbeitsblatt zerknüllt aus dem Fenster. Als die Lehrerin, die nur im Augenwinkel mitbekommt, dass etwas aus dem Fenster flog, ihn darauf anspricht, behauptet er, er habe eine Flasche auf den Schulhof geworfen. Daraufhin schreit er: »Wie soll ich das alles schaffen? In 18 Jahren nicht. Ich hab' kaputten Fuß und geh im Sommer ins Krankenhaus.« Er trägt also nicht nur seelische Wunden von dem Krieg in Syrien und der Flucht davon. Auch sein körperlicher Zustand, insbesondere sein linker Fuß, ist vermutlich von den Folgen der Flucht beeinträchtigt. Er ist eher übergewichtig und hat durchweg traurige Augen.

Djamil hadert offen mit dem bevorstehenden Übergang in die Regelklasse und thematisiert immer wieder, dass er überfordert sei und nicht schon nach den Sommerferien in die Regelklasse wechseln wolle. Die Zweifel, den Übergang nicht zu schaffen, begründet er auch mit seinem körperlichen Leiden und damit, dass er ja im Sommer ins Krankenhaus müsse.

Die Lehrerin weiß nichts über die genauen Umstände der familiären Flucht, nur, dass er das älteste von vier Kindern ist, die alle die Flucht überlebt haben. Aus Erzählungen der anderen Lehrkräfte bekommt sie mit, dass bezogen auf Djamils Schullaufbahn von den Eltern ein ziemlicher Druck ausgeht. So wollen die Eltern von Schwierigkeiten oder sozialen Problemen in der Schule nichts hören und haben bislang verweigert, ein psychologisches Gutachten erstellen zu lassen. Vermutlich wollen sie die Beeinträchtigungen Djamils, die ja Folgen der Flucht sind und sich in Djamils Lernstörungen ausdrücken, nicht wahrhaben, wo sie doch selbst so viele Schmerzen und Verluste vor, während und nach der Flucht erleiden mussten.

In vertrauten Situationen des Unterrichts thematisiert Djamil, wie sehr er das Haus und sein früheres Leben in Syrien vermisse. Er erzählt, wie gerne er im Hof mit den anderen Kindern gespielt habe. Diese positiven Erfahrungen können vermutlich im Alltag weder familiär noch von ihm selbst betrauert werden. Es handelt sich vermutlich um eine *eingefrorene Trauer* um die Verluste (Bär 2017). Die verlorenen positiven Erfahrungen aus der Heimat lassen sich bislang nicht auf das neue, fremde Leben und Lernen in Deutschland übertragen. Denn weder in der Intensivklasse noch sonst in der Schule gelingt es Djamil, einen positiven Kontakt zu seinen Mitschüler*innen herzustellen. Viele Mitschüler*innen sind mit der depressiven, resignierten und gleichzeitig provokativen Stimmung von Djamil überfordert und wollen seine Klagen nicht hören.

Auffallend ist, dass er immer als erster verfrüht aus der Pause zurück in die Klasse kommt, jedoch nach Unterrichtsbeginn oftmals schon nach fünf bis zehn Minuten nach draußen »flüch-

> ten« muss und dort dann auch längere Zeit bleibt, um sich den Aufgaben mehr oder weniger erfolgreich zu widmen.
> Mit diesem Arrangement konnte die Lehrerin sein Vertrauen wecken, und sie spürte intuitiv, dass sie sein sonderbares Verhalten akzeptieren musste, um dieses Vertrauen nicht zu gefährden. So ärgerte es sie zwar, dass Djamil oftmals ihre Anweisungen verweigerte, und sie äußerte diesen Unmut in manchen Situationen auch. Letztlich akzeptierte sie aber, wenn er verweigerte, sie zu begrüßen oder ihren Anweisungen Folge zu leisten.

Nicht zuletzt durch regelmäßige Gespräche mit ihrer Mutter, die als Kinderpsychologin tätig ist, sowie durch meine Rückmeldungen als Beraterin, gelang es der jungen Lehrerin, Djamils Trauma ein Stück weit zu verstehen und auszuhalten, indem sie ihm seine Schutzräume gewährte und sein störendes Verhalten nicht als Angriff gegen ihre Person verstand. Die Schule als institutioneller Rahmen vermochte es hingegen nicht, Djamil und den anderen Schüler*innen einen sicheren Ort zu bieten, an dem langfristige und kontinuierliche Beziehungsarbeit zu den Lehrkräften in der Intensivklasse möglich werden konnte. Dabei wäre es pädagogisch notwendig, dass Djamils Übergang in die Regelklasse begleitet wird und die neue Lehrperson eine langfristige Beziehung im Rahmen der Institution Schule ermöglichen kann.

7.6 Fazit und Ausblick

Eine große pädagogische Aufgabe besteht darin, die Symbolisierungsfähigkeiten geflüchteter Kinder nicht nur sprachlich, sondern auch symbolisch wiederherzustellen. Dies kann vor allem durch kreative Tätigkeiten wie Malen, Basteln, Töpfern etc. geschehen, um der inneren Sprachlosigkeit symbolischen Ausdruck zu verleihen. Diese kreative Bildung steht im Widerspruch zu den schulischen Zielen, möglichst schnell Wissen zu vermitteln. Auch die Eltern üben häufig bewusst oder unbewusst großen Druck aus, dass die Kinder all das, was ihnen durch die Flucht verloren ging, mit den schulischen Leistungen kompensieren.

Um den Parentifizierungen entgegenzuwirken, ist eine Beziehungsarbeit zwischen Lehrkraft und Eltern unabdingbar. Dies setzt voraus, dass die Lehrperson um die Traumata der Eltern weiß, eine tragfähige Beziehung zu ihnen herstellt und ihr Vertrauen gewinnt.

Ein traumapädagogisch strukturierter und von Beziehungsarbeit geprägter Alltag ist die zentrale Voraussetzung für die Herstellung von Sicherheit und Vertrauen in die unmittelbare Umgebung. Dadurch kann verhindert werden, dass sich traumatische Beziehungen und Erfahrungen in der Gegenwart wiederholen. Die Anbahnung eines Therapieplatzes über die Schulpsychologie bzw. die enge Zusammenarbeit mit Kinder- und Jugendpsychotherapeuten ist in vielen Fällen nötig und sinnvoll. Ein sicherer Ort im (Schul-)Alltag ist aber die Basis für jede Verarbeitung und für mögliche kreative Übergangsräume (Bär 2019a: 80 f.).

Diese können Theaterprojekte oder auch Kochvormittage sein (bestenfalls mit den Eltern), interkulturelle Lieder, Geschichten und Märchen, in denen die Kinder mitgebrachtes Wissen und Fähigkeiten anwenden und sich und ihren zurückgelassenen Potenzialen Ausdruck verleihen können. Märchen zu erzählen oder vorzulesen ist ein wahrer Fundus zur Ermutigung, existenzielle Herausforderungen zu meistern, denn diese wirken *kathartisch* auf verletzte Kinderseelen, aber auch auf alle unversehrten Kinder (Figdor 2006: 143–166). Die oft sehr schwierigen Übertragungsbeziehungen (aus-) zu halten und traumatisierten Kindern kontinuierliche Beziehungen als Lehrperson zur Verfügung zu stellen, ist die zentrale Herausforderung für die Lehrkraft, die fast immer Unterstützung durch kollegiale Beratung, Supervision und (trauma-)pädagogische Fortbildungen erfordert. Die Lehrperson kann das Trauma nicht *heilen*, wohl aber können die kontinuierlichen Beziehungen und der strukturierte sichere Alltag für korrektive

Erfahrungen sorgen. Von daher sind die Bedeutung der Schule als sicherer Ort und die Wirksamkeit der Halt gebenden Beziehungen durch die Lehrperson nicht zu unterschätzen. Mithilfe der kontinuierlichen Beziehungsarbeit besteht für die Schüler*innen die große Chance, das Trauma zu integrieren und sich auf ein neues Leben einzulassen. Der täglich stattfindende strukturierte Schulalltag und die Beziehungsarbeit darin sind der Schlüssel zum neuen Leben und zur schrittweisen Integration des Traumas für geflüchtete Kinder. Die Bedeutung der Lehrperson für diese intensive Beziehungsarbeit ist kaum hoch genug einzuschätzen. Gelingt es, mit den Kindern in Beziehung zu gehen und diese kontinuierlich zu gestalten, bedeutet dies einen Meilenstein für die weitere Entwicklung der Kinder. Ein Halt gebender Rahmen durch die Institution, kollegiale Fallbesprechungen und regelmäßige Supervisionen sind dazu unabdingbar.

Die schulische Realität sieht häufig anders aus: Noch immer sieht die Institution Schule persönliche Fort- und Weiterbildung im Sinne von Selbsterfahrung oder Supervision kaum vor. Der *geheime Behaviorismus* in der Schule (Figdor 2007: 206 f.) mit seiner Konzentration auf die jeweils *richtige* Methodik und Didaktik verhindert Selbsterfahrung, Selbstreflexion und persönliche Weiterentwicklung geradezu. Das kann für Lehrkräfte, die mit traumatisierten Kindern arbeiten, zu einem großen Dilemma führen. Denn die traumatisch wirksamen Übertragungsbeziehungen können in letzter Konsequenz ohne Supervision oder Ähnliches nur verdrängt oder ignoriert werden bzw. dazu führen, dass Lehrkräfte sich dieser intensiven Beziehungsarbeit längerfristig nicht gewachsen fühlen, obwohl der offene Austausch über die Herausforderungen und die empfundene Überforderung mit traumatisierten Kindern in Supervisionen oder kollegialer Fallarbeit ein notwendiger Schritt wäre, um auf lange Sicht Professionalität im Umgang mit Traumatisierungen entwickeln zu können. Zentrale Erkenntnisse der Traumapädagogik sind eine wichtige Grundlage für die Entwicklung einer Schulkultur, die Traumatisierungen und Entwicklungsbedürfnisse der Schüler*innen nicht negieren muss.

7.6 Fazit und Ausblick

Weiterführende Anregungen und Hinweise für die pädagogische Praxis

Online-Handbücher:

Ruf, B. (2016): FLUCHT – TRAUMA – PÄDAGOGIK. Ein Handbuch zum pädagogischen Umgang mit minderjährigen Flüchtlingen unter Traumaaspekten. https://www.freunde-waldorf.de/fileadmin/user_upload/docu ments/Notfallpaedagogik/Hintergrund/Publikationen/25_02_2016_Hand buch_Fluechtlinge_D_online.pdf [Zugriff: 30.06.2020].

UNHCR Österreich (Hrsg.) (2016): Flucht und Trauma im Kontext Schule. Handbuch für PädagogInnen. https://www.uno-fluechtlingshilfe.de/up loads/media/AT_Traumahandbuch_2017_01.pdf [Zugriff: 30.06.2020]. Beide Handbücher geben neben theoretischen Hintergründen viele konkrete Anregungen für die tägliche Praxis.

Informationen rund um das Thema Psychotraumata vom Parzival-Zentrum in Karlsruhe: https://www.parzival-zentrum.de/konzepte-methoden/no tfallpaedagogik/psychotraumatologie/ [Zugriff: 30.06.2020].

Online-Merkblätter:

Schulpsychologie-Bildungsberatung Linz: Trauma. Was tun in der Schule? Merkblatt für Lehrerinnen und Lehrer in der Beschulung von Flüchtlingskindern: http://www.schulpsychologie.at/fileadmin/upload/schulp sychologie/OOE_Merkblatt.pdf [Zugriff: 30.06.2020].

Schulpsychologische Beratung Landeshauptstadt Düsseldorf: Trauma – Was tun in der Schule? Merkblatt für Lehrerinnen und Lehrer. https:// www.kindertraumainstitut.de/de/Materialien/;29-Merkblatt_fuer_Lehrer Innen_zum_Thema_Trauma_und_Schule [Zugriff:30.06.2020].

Fortbildungsmöglichkeiten für Traumabearbeitung:

Institut für Traumapädagogik Berlin: http://www.traumapaedagogik-berli n.de/

Institut für Traumabearbeitung und Weiterbildung Frankfurt a. M. http:// www.institut-fuer-traumabearbeitung.de/ [Zugriff: 30.06.2020].

Weiterführende Literatur:

Zimmermann, D. (2017): Traumatisierte Kinder und Jugendliche im Unterricht. Weinheim Basel: Beltz.

Das Buch enthält viele anschauliche Praxisbeispiele zur Traumapädagogik in der Schule.

> Reddemann, L. (2017): Imagination als heilsame Kraft – Ressourcen und Mitgefühl in der Behandlung von Traumafolgen. Stuttgart: Klett-Cotta. Ein Grundlagenwerk zur Psychotraumatologie mit imaginären Verfahren wie Traumreisen, Kunsttherapie und Körperübungen zur Stärkung eines inneren und äußeren sicheren Ortes.

Literatur

Bär, C. (2017): »Das ist immer das Problem, dass man nicht so wirklich Abschied von jemanden nehmen kann.« Bildungsprozesse und Familiendynamiken in der Migration. In: Psychoanalytische Familientherapie. Zeitschrift für Paar-, Familien- und Sozialtherapie. Nr. 35. 18. Jg. Heft II, 55–79.

Bär, C. (2019a): Traumaentwicklung und Beziehungsdynamiken in der familiären Fluchtmigration. In: Psychoanalytische Familientherapie. 20. Jg., Heft I, 71–85.

Bär, C. (2019b): Sprachförderklassen als Übergangsraum? Die Verleugnung von Beziehungs- und Trauerarbeit in der Institution Schule am Beispiel des Projekts »Psychosoziale Beratung in Sprachförderklassen«. In: Jahrbuch für Psychoanalytische Pädagogik. Bd. 27, 199–221.

Becker, D. (2006): Die Erfindung des Traumas – verflochtene Geschichten. Freiburg: edition Freitag.

Figdor, H. (2006): Praxis der psychoanalytischen Pädagogik II. Vorträge und Aufsätze. Gießen: Psychosozial-Verlag.

Finger-Trescher, U. (1987). Trauma, Wiederholungszwang und projektive Identifizierung. Was wirkt heilend in der Psychoanalytischen Pädagogik? In: Reiser, H./Trescher, H-G. (Hrsg.): Wer braucht Erziehung? Impulse der Psychoanalytischen Pädagogik. Mainz: M. Grünewald, 130–145.

Freud, S. (1989/1926). Hemmung, Symptom und Angst. Frankfurt a. M.

Grinberg, L./Grinberg, R. (1990): Psychoanalyse der Migration und des Exils. München und Wien: Verlag Internationale Psychoanalyse.

Keilson, H. (2005/1979): Sequenzielle Traumatisierung bei Kindern. Untersuchung zum Schicksal jüdischer Kriegswaisen. Unveränderter Neudruck der Ausgabe von 1979. Gießen: Psychosozial-Verlag.

Küchenhoff, J. (1990): Die Repräsentation früher Traumata in der Übertragung. In: Forum der Psychoanalyse 6, 15–31.

Lewek, M./Naber, A. (2017): Kindheit im Wartezustand. Studie zur Situation von Kindern und Jugendlichen in Flüchtlingsunterkünften in Deutschland. Deutsches Komitee für Unicef e. V.

Maywald, J. (2018): Zwischen Trauma und Resilienz – Zur Situation der Flüchtlingskinder in Deutschland. In: Henkel, J./Neuß, N. (Hrsg.): Kinder und Jugendliche mit Fluchterfahrungen. Pädagogische Perspektiven für die Schule und Jugendhilfe. Stuttgart: Kohlhammer, S. 21–32.

Quindeau, I./Rauwald, M. (2016): Transgenerationale Weitergabe von Traumatisierungen. In: Weiß, W./Kessler, T./Gahleitner, S. (Hrsg.): Handbuch Traumapädagogik. Weinheim: Beltz. S. 385–393.

Quindeau, I./Rauwald, M. (2017): Auffällige Unauffälligkeit. Psychodynamische Belastungen unbegleiteter minderjähriger Geflüchteter. In: Ders. (Hrsg.): Soziale Arbeit mit unbegleiteten Flüchtlingen. Weinheim, Basel: Beltz Juventa, 14–28.

Racker, H. (1968). Transference and counter-transference. London: The Hogarth Press and the Institute of Psycho-Analysis.

Rauwald, M. (2013): Wenn die Welt der Eltern erschüttert ist... In: Burkhardt-Mußmann, C./Dammasch, F. (Hrsg.): Migration, Flucht und Kindesentwicklung. Das Fremde zwischen Angst, Trauma und Neugier. Frankfurt a. M: Brandes & Aspel, 30–44.

Streeck-Fischer, A. (2006): Trauma und Entwicklung. Frühe Traumatisierungen und ihre Folgen in der Adoleszenz. Stuttgart/New York: Schattauer.

Wirtgen, W./Iskenius, E.-L./Eisenberg, W. (2010): Wunden, die nicht verheilen – Kinderflüchtlinge in Deutschland – Leben unter Vorbehalt. In: Kauffmann, H./Riedelsheimer, A. (Hrsg.): Kindeswohl oder Ausgrenzung? Flüchtlingskinder in Deutschland nach der Rücknahme der Vorbehalte. Karlsruhe: von Loeper Literaturverlag, 110–126.

Zimmermann, D. (2012). Migration und Trauma. Pädagogisches Verstehen und Handeln in der Arbeit mit jungen Flüchtlingen. Gießen: Psychosozial-Verlag.

Zimmermann, D. (2017): Traumatisierte Kinder und Jugendliche im Unterricht. Weinheim, Basel: Beltz.

8

Interreligiöses Lernen im Unterricht der Grundschule

Susanne von Braunmühl

Der vorliegende Beitrag berichtet von Erfahrungen mit interreligiösem Lernen in Grundschulklassen. Was bedeutet ein interreligiöser Dialog und welche Bedeutung hat das Begegnungslernen in diesem Kontext? Im Anschluss daran werden drei unterschiedliche Beispiele aus der Praxis vorgestellt: 1. religiöse Feste, 2. religiöse Artefakte, 3. Besuch von Gotteshäusern. Ausgangspunkt sind jeweils die Fragen und Erfahrungen der Kinder. Sie werden aufgegriffen, indem die Kinder sich gegenseitig über Bräuche, Rituale und Geschichten, die in ihrer Religion von Bedeutung sind, befragen und darüber berichten.

8 Interreligiöses Lernen im Unterricht der Grundschule

> *Ein Blick in den Unterricht*: Religionsunterricht in der 3a. Kinder mit den unterschiedlichsten kulturellen und religiösen Hintergründen sitzen an den Tischen. Leyla ist Hinduistin, Tom ist Christ und geht regelmäßig in den Kindergottesdienst, Ayla ist Alevitin, weiß aber wenig von ihrer Religion, Kathies Vater meint, sie sei Atheistin, Ali und Amal sind Muslime. Eine kunterbunte Mischung. Religion ist ein ausgesprochenes Lieblingsfach: »Hier geht es mal um uns!«

Pluralität, Säkularisierung und Individualisierung – das sind Charakteristika der religiösen Situation der Gegenwart. Das spiegelt sich auch im Klassenzimmer wider. Hier finden sich Schülerinnen und Schüler aus unterschiedlichen Religions- und Weltanschauungsgemeinschaften: Christen verschiedener Konfessionen und Muslime, die unterschiedlichen Richtungen angehören, wie auch – in geringerer Zahl – Aleviten, Juden, Buddhisten, Hindus, russisch Orthodoxe und viele andere. Hinzu kommt eine beachtliche Zahl von Schüler*innen, die sich als nicht religiös verstehen. Dieser religiös-weltanschauliche Pluralismus stellt neue Anforderungen an den Religionsunterricht und erfordert eine interreligiöse Öffnung. Die religiöse und kulturelle Vielfalt der Lerngruppe ist die Chance für ein gemeinsames und dialogisch orientiertes interreligiöses Lernen. Der Religionsunterricht leistet damit einen Beitrag zum Bildungsauftrag der Schule, indem er Kindern zu ihren existenziellen Fragen und Erfahrungen ethische Orientierungshilfe und Deutungsangebote aus den Religionen anbietet. Er eröffnet ihnen wertschätzende Zugänge zu den Religionen und er zeigt ihnen, wie ethische Werte in einer Kultur gelebter Religion umgesetzt werden können.

8.1 Interreligiöses Lernen, interreligiöser Dialog und interreligiöse Begegnung

Was bedeutet *Interreligiöses Lernen*? Konzeptionell rückt das interreligiöse Lernen in den letzten Jahren ins Zentrum religionsdidaktischer Diskussionen. Ausgangspunkt seiner Entwicklungsgeschichte war die Weltreligionsdidaktik der 60er Jahre. Sie stellte religionskundliche Informationen über fremde Religionen in Form von Bildern und Texten in den Mittelpunkt. Mit *learning from religion* der 70er Jahre nehmen Religionspädagogen (Hull 1996: 172–188) in England vor allem die Verstehensprozesse der Schüler*innenschaft in den Blick. Religionen sind für sie *Gaben für das Kind*, mit denen die Kinder ihre eigene Persönlichkeit, ihre Gaben weiterentwickeln können. Interreligiöses Lernen soll hier im Sinne einer Selbstreflexion kontextuell und lebensweltlich verankert werden. Dabei rücken die Kinder als lernende Subjekte in den Fokus. Ihre Fragen sind der Ausgangspunkt und man sucht vieldimensionale, erfahrungsorientierte Zugangswege für ein interreligiöses Lernen.

Die Kinder selbst sind Subjekte des religiösen Lernens. Sie selber erschließen sich religiöse Deutungsoptionen in dialogischen Begegnungen. Die Gedenkschrift der Evangelischen Kirche Deutschland macht deutlich, dass religiöse Bildung heute nicht mehr denkbar ist ohne die Dimension des interreligiösen Lernens. Toleranz, Anerkennung und Achtung sind zentrale Aufgaben religiöser Bildung (vgl. z. B. EKD 2014: 108). Der Religionspädagoge Stephan Leimgruber legt eine Bestimmung des Begriffs zugrunde, die zwischen interreligiösem Lernen im engeren und im weiteren Sinne unterscheidet.

> »›Interreligiöses Lernen‹ ist mehr als ein Modebegriff, der seit gut 20 Jahren in der Religionspädagogik und im allgemeinen Sprachschatz Konjunktur hat. ›Interreligiöses‹ wie ›interkulturelles Lernen‹ bilden die multikulturelle, religiös plurale Gesellschaftssituation ab und signalisieren die Notwendigkeit, dass die Angehörigen verschiedener Kulturen und Religionen sich

8.1 Interreligiöses Lernen, interreligiöser Dialog und interreligiöse Begegnung

gegenseitig kennenlernen und besser verstehen. [...] Es scheint mir sinnvoll und nützlich, *interreligiöses Lernen in einem weiteren Sinn* von interreligiösem Lernen in einem engeren Sinn zu unterscheiden. Ersteres meint, was wir schon lange tun, nämlich fremde Religionen zur Kenntnis nehmen, aus Rundfunk, Fernsehen und Büchern verarbeiten. Gleichsam nebenher erfahren wir manches über die Hintergründe, Strukturen und religiöse Praktiken anderer Religionen. *Interreligiöses Lernen im engeren Sinn* geschieht durch persönlichen Kontakt, durch Gespräche, Besuche und Begegnungen von Angesicht zu Angesicht, kurz: durch das Zusammenleben von Angehörigen verschiedener Religionen. Im Zentrum dieses Lernens steht der Dialog als Empfangen und Geben, als Hören und Antworten, als wechselseitiger Erfahrungsaustausch. Gelegentlich wird dieses Lernen als »Königsweg« des allgemeinen interreligiösen Lernens gesehen, weil es ein authentisches und unmittelbares Lernen ist, das nachhaltiger wirkt und die Einstellung zu einer anderen Religion mehr prägt als indirekte Erfahrungen beispielsweise über Medien.

Das Ziel interreligiöser Kontakte besteht darin, den Angehörigen anderer Religionen respektvoll zu begegnen und ihre Religion als sinnstiftendes Ganzes zu begreifen. Nicht die Überredung und Konversion der anderen stehen im Zentrum, sondern Mission im Sinn des Zeugnisgebens (vgl. das Apostolische Schreiben »Evangelii nuntiandi«, 1975). Interreligiöses Lernen kann mithin die eigene Religion im Spiegel anderer Glaubensweisen deutlicher hervortreten lassen. Weder eine Mischmaschreligion noch eine Minimalreligion auf dem kleinsten gemeinsamen Nenner werden intendiert, sondern die Anerkennung der jeweils anderen Religion.« (Leimgruber 2007a: 365 f.; Hervorhebungen SvB)

Die *interreligiöse Begegnung* in authentischer Form wird als »Königsweg interreligiösen Lernens« (Leimgruber 2007b: 101–104) betont. Die Authentizität wird ein wichtiges didaktisches Prinzip. Die Religionen sollen lebendig werden. Zeugen und Zeugnisse können Geschichten, religiöse Gegenstände, religiöse Orte und authentische Experten sein (Imam, Pfarrer, Geistliche...).

Der *interreligiöse Dialog* ist mit dem Begegnungslernen eng verbunden. In diesem Kontext ist der Dialog mehr als ein lockerer Meinungsaustausch. Er zielt auf eine wertschätzende und reflektierte Auseinandersetzung mit dem Fremden. Er bedeutet gegenseitige Verständigung und Bereicherung in Respekt und Achtung vor dem Fremden.

Die Selbstverständlichkeit, mit der Kinder im Grundschulalter mit Heterogenität umgehen, ist ein guter Ausgangspunkt für Lernprozesse, die an konkreten Begegnungen und an Austausch von Erfahrungen orientiert sind. Die immer wieder auftauchenden Befürchtungen, verfrühtes interreligiöses Lernen führe zu Identitätsverlust oder Verwirrung, sind unbegründet. Religiöse Identität entwickelt sich in der Auseinandersetzung mit dem Anderen, mit verschiedenen religiösen Deutungsangeboten. Sie bedroht nicht die eigene Religiosität, sondern bereichert sie. Kinder sind neugierig, sie wollen wissen und verstehen. Der gemeinsame Religionsunterricht als Raum für Fragen eröffnet die Möglichkeit uns gemeinsam auf Entdeckungsreise zu begeben und über Sinnfragen gemeinsam nachzudenken. Die Kinder erkunden unbekannte Schätze, die zum Nachdenken anregen. Sie sprechen über das Eigene und über das, was für die anderen wertvoll ist. Sie erkennen Unterschiede und Gemeinsamkeiten und in der Auseinandersetzung mit verschiedenen Deutungen entwickeln sie eigene Positionen, ihre eigene *subjektive Wahrheit*. Auch nicht zu glauben gehört zur religiösen Pluralität selbstverständlich dazu. So entstehen Wertschätzung und Akzeptanz in der Gemeinschaft.

8.2 Beispiele für Begegnungslernen

In der Grundschule steht das Begegnungslernen im Zentrum: die Feste der Religionen, die Geschichten, rätselhafte religiöse Gegenstände und die heiligen Räume. Die verschiedenen Begegnungsformen werden nachfolgend in exemplarischen Beispielen aufgezeigt.

8.2.1 Feste und Bräuche

Feste schaffen Heimatgefühle. Ausgelassen und fröhlich wird bei gutem Essen und Musik mit Familie und Freunden gemeinsam gefeiert. Hier spüren wir die wohltuende Zusammengehörigkeit. Das kann bei den Christen das Weihnachtsfest sein, im Islam das Opferfest, im Buddhismus das Vesakhfest oder Chanukka im Judentum. Solche Feste gibt es in allen Religionen.

> *Ein Blick in den Unterricht:* Beim Krippenspiel der Klasse im letzten Jahr spielte Amal mit. Zwar keine Hauptrolle, aber sie begleitete mit dem Xylophon den Einzug der drei Weisen aus dem Morgenland. Amal ist ein muslimisches Kind, das gar nicht Weihnachten feiert. Mit großem Interesse hat sie die Weihnachtsgeschichte gehört. Sie hat Sterne gebastelt und Plätzchen gebacken. Als sie dann erzählte, dass sie zuhause keinen Weihnachtsbaum aufstellen, da sie dieses Fest nicht feiern, war die Klasse erstaunt: »Welche Feste feierst du denn?« Ramadan – Zuckerfest – Opferfest? Davon hatte noch keiner gehört, aber sie wollten alles darüber wissen.

Welche Feste werden gefeiert?

Christliche Feste wie Ostern oder Weihnachten sind selbstverständliche Bestandteile des Schul- und Klassenlebens. Es werden die Geschichten erzählt, Klassenräume dekoriert und Geschenke gebastelt. Die Ramadanzeit der muslimischen Kinder wird selten so zelebriert. Doch Feste sind Höhepunkte im Leben der Kinder. Feste unterbrechen den Lauf der Zeit, es wird gemeinsam mit Freunden und in der Familie gefeiert. Die Feste vergegenwärtigen eine gemeinsame Geschichte, stärken die religiöse Identität und Zusammengehörigkeit durch Bräuche und rituelle Gestaltung der Festtage. Alle Religionen vermitteln ihre Traditionen durch Feste.

Das Fest ist der eigentliche Ort, das Fremde kennenzulernen. Über die Feste erhalten Kinder erste Zugänge zu den Themen und

Vorstellungen der Religionen und ihre Bedeutung für das Leben ihrer Mitschüler*innen. Die Schule übernimmt eine wichtige Aufgabe, wenn sie die Feste der verschiedenen Kulturen und Religionen aufnimmt. Damit ermöglicht sie den Kindern eine Begegnung mit anderen religiösen Traditionen. Statt über Glaubensinhalte nur zu sprechen, können diese im gemeinsamen Erzählen und Feiern erlebt werden. Das ist ein erster Brückenschlag zum interreligiösen Lernen. Es entsteht ein gegenseitiger Prozess religiöser Verständigung. Die Achtung des Andersgläubigen und die Verschiedenheit als Bereicherung zu entdecken, sind wichtige soziale Kompetenzen, die zum Bildungsauftrag der Schule gehören.

Aus diesen Gründen ist es wichtig, die Multireligiosität in den Klassen im Blick zu haben und die Feste aller Religionen zu beachten, denen die Kinder angehören. Auch Minderheiten innerhalb großer Religionen sollten nicht ignoriert werden, wie z.B. orthodoxe Christen oder Aleviten. Auch wenn wir selten jüdische Kinder in den Schulen haben, eröffnet das Fest Chanukka eine erste Begegnung mit dem Judentum.

Die Feste der Religionen sollten sich am Jahresablauf orientieren. Ein interreligiöser Festtagskalender und eine behutsam ausgestaltete Festtagskultur der Religionen gehören in jede Schule.

> *Ein Blick in den Unterricht:* Die Ramadanzeit hat gerade begonnen. Früh vor Sonnenaufgang haben sie gemeinsam gefrühstückt und sich dann, bis der Wecker klingelt, noch einmal hingelegt. Ali und Amal fasten selber nicht, aber ihre Eltern. Die ganze Familie freut sich auf das große gemeinsame Festmahl am Abend. Das ist eine aufregende Festzeit für muslimische Kinder. RAMADAN ist in großen bunten Buchstaben am Fenster zu sehen. Wir haben das Klassenzimmer mit Girlanden geschmückt und einen Ramadankalender aus 30 bunten Streichholzschachteln gebastelt.

Der Fastenmonat Ramadan und das darauffolgende Fest des Fastenbrechens, auch Zuckerfest, Eid al-Fitr oder Seker Bayram genannt, haben für muslimische Kinder eine große Bedeutung. Das Zuckerfest zählt zu den Höhepunkten des Jahres. Die Vorfreude, die Vorbereitungen zuhause, die Geselligkeit mit Freunden und Verwandten, das große Fest und die Geschenke – all diese Erlebnisse beschäftigen die muslimischen Kinder der Klasse. Vielleicht sind sie müde, weil sie in diesen Tagen so spät mit der fastenden Familie essen, oder sie fasten selber?

Für Amal und Ali ist zuhause Feststimmung und in der Schule normaler Alltag. Das muss nicht sein. In dieser Zeit kann das Klassenzimmer geschmückt werden. Vielleicht ist im Raum eine Ecke frei, in der etwas zu Ramadan ausgestellt werden kann, z. B. eine Moschee, eine Kerze und ein Koran. Hier sind den Dekorationsideen vor allem der muslimischen Kinder keine Grenzen gesetzt. Auch ein Ramadankalender in der Klasse würdigt diese Festzeit. Anstelle von Süßigkeiten können Gutscheine, Spiele oder Geschichten die Überraschung sein.

Welche Bedeutung hat der Ramadan?

Der Ramadan ist für Ali und Amal eine besondere Zeit, weil sich in diesen 30 Tagen ihr Alltag völlig verändert. Die beiden kennen sich gut aus und berichten gern. Der Ramadan ist ein Monat des Fastens und der Besinnung:

- Hunger und Durst am eigenen Leib zu spüren ist eine eindrucksvolle Erfahrung und schärft die Aufmerksamkeit für notleidende Menschen. Teilen und Abgeben spielt in diesem Monat eine besondere Rolle.
- Man erinnert sich daran, dass Mohammed in diesem Monat die erste Koranbotschaft erhalten hat. Daher wird täglich im Koran gelesen. Es ist eine Zeit der Besinnung auf das eigene Leben.

Die beiden selber fasten nicht, aber sie erzählen von ihren Eltern, die von Sonnenaufgang bis -untergang weder essen noch trinken. In aller Frühe wird gemeinsam gefrühstückt und spätabends reichlich gegessen. Beide lieben diese gemeinsamen Mahlzeiten mit der Familie, Freunden und Verwandten. Viele Fragen tauchen auf, wenn sie vom Fasten erzählen: »Warum fastet ihr?«, »Kann man einen ganzen Tag ohne Trinken aushalten?«, »Müssen Fußballspieler auch fasten?« ...

»Wollen wir das Fasten mal ausprobieren? Auf was könnten wir eine Zeit lang verzichten?« Fernsehen, Computer, Schokolade ... Viele Ideen kommen zusammen. Die Kinder wollen es versuchen und jeder entscheidet sich für einen Verzicht. Im täglichen Morgenkreis werden die Erfahrungen ausgetauscht.

Welche Geschichte gibt es zum Ramadan?

In der Ramadanzeit wird der Koran gelesen. Man erinnert die Offenbarung des Korans an Mohammed. Er selber zog sich immer wieder zum Nachdenken in die Höhle Hira zurück. Eines Tages erschien ihm der Engel Gabriel und offenbarte ihm den Koran. Mohammed erzählte den Menschen davon, aber viele wollten ihm nicht glauben. Der Engel erschien ihm immer wieder und brachte neue Botschaften. Später wurden all diese Worte aufgeschrieben und so entstand der Koran, der bis heute von Muslimen auf der ganzen Welt gelesen wird.

Diese Geschichte eröffnet eine Begegnung mit dem Koran, der erhoben auf einem Koranständer liegt. Wir schlagen ihn vorsichtig auf und entdecken die 1. Sure, die mit wunderschönen Ornamenten verziert ist. Die Kinder entdecken die arabischen Buchstaben, die Ali erklärt. Es ist offenbar ein ganz besonderes Buch für die Muslime.

Wie wird das Ramadanfest gefeiert?

Das Ramadanfest im Anschluss an den Fastenmonat – auch Seker Bayram (Zuckerfest) oder Eid al-Fitr (Fest des Fastenbrechens) genannt – zählt zu den wichtigsten Festtagen des islamischen Jahres. Amal erzählt von ihrer Vorfreude, den Vorbereitungen zu Hause, der Geselligkeit mit Freunden und Verwandten, dem großen Fest und den Geschenken.

Vielleicht ist es möglich, im Anschluss ein kleines eigenes *Zuckerfest* mit gemeinsamem Backen, türkischen Süßigkeiten und Tee – unter Mithilfe muslimischer Eltern – zu feiern? Zu Festen wünscht man sich Glück und Segen mit einer Glückwunschkarte.

Der Ramadan wird so zu einer miterlebten Festzeit. In dieser Zeit erfahren die Kinder eine Menge über den Glauben, die Bräuche und Traditionen ihrer muslimischen Mitschüler*innen.

So kann und sollte mit jedem Fest, das für ein Kind in der Klasse von Bedeutung ist, verfahren werden. Wenn die Kinder nicht als *Experten* ihrer Religion auftreten wollen oder können, kann ebenso gut ein fiktiver Kinderbrief davon erzählen, der Konkretion und Lebensnähe ermöglicht und die Informationen auf das Wesentliche reduziert. Begegnungen werden so indirekt und narrativ inszeniert. Anschaulich werden sie durch Bilder und Gegenstände. Sich gegenseitig Rituale und eigene Festtagstraditionen vorstellen, von Festabläufen und Hintergründen erzählen, zur Teilhabe einladen und miteinander feiern – das sind wichtige Erfahrungen interreligiöser Begegnung und Verständigung. Zum Schluss lassen wir noch einmal Ayla zu Wort kommen: »Wirklich feiern kann ich nur die Feste meiner Religion, weil ich daran glaube, was gefeiert wird. Aber bei eurem Fest war ich ein Gast. Ich weiß jetzt viel mehr und das hat Spaß gemacht.«

8.2.2 Religiöse Artefakte

> *Ein Blick in den Unterricht:* Wir sitzen im Kreis. In der Mitte steht eine alte Schatzkiste. Das macht neugierig. Was ist da wohl drin? Eine Kiste voller rätselhafter Gegenstände. Die Kinder sind gespannt.

Während über lange Jahre das interreligiöse Lernen im Religionsunterricht durch die Arbeit mit Religionsbüchern und den dort abgedruckten Bildern und Informationen fremder Religionen geprägt war, steht jetzt das Lernen über konkrete Begegnungen im Vordergrund. Diese Form der Annäherung und Erschließung fremder Religionen ist in den 1990er Jahren von John M. Hull in England entwickelt worden. In seinem Aufsatz »A Gift to the Child: A New Pedagogy for Teaching Religion to Young Children« (Hull 1996) werden religiöse Zeugnisse zum entscheidenden und eigenständigen Gegenstand des Unterrichts erhoben. Der Grundgedanke dieses Ansatzes ist es, den Kindern eine Religion durch Zeugnisse religiöser Praxis vorzustellen und so einen Lernprozess anzuregen. Zentrale Gegenstände werden zu Bedeutungsträgern, von denen aus die Religion erschlossen wird (▶ Abb. 8.1).

Ein solches religiöses Zeugnis kann zum Beispiel eine Statue, ein Gegenstand spiritueller Realität oder auch ein Klang sein. Wichtig ist die Erfüllung folgender Kriterien:

- Das Zeugnis soll exemplarisch für Leben und Glauben der betreffenden Religion stehen. In ihm soll das Selbstverständnis der jeweiligen Religion zum Ausdruck kommen. Es sensibilisiert dafür, was sie für den Gläubigen ausmachen.
- Das Zeugnis soll eine gewisse Aura besitzen, die ein Gefühl von Heiligkeit hervorruft. Es kann eine spirituelle Dimension eröffnen und authentisch wahrgenommen werden.
- Das Zeugnis soll bedeutsam für den Lernprozess des Kindes sein. Es hat eine »sinnlich-anschauliche Narrativität«. Das Schauen, das Erfassen ihrer Gestalt und ihrer Bedeutung braucht handelnden Umgang (Sajak 2010: 45).

Religiöse Zeugnisse wenden sich unmittelbar an die sinnliche Erfahrung der Kinder und ermöglichen ganzheitliches Lernen. Sie geben Auskunft über Glaubensvorstellungen und Glaubensvollzüge der Religionen und laden zur Erschließung ein.

8.2 Beispiele für Begegnungslernen

Abb. 8.1: Beispiele für religiöse Artefakte

Mit diesen Gedanken im Hintergrund wurde die *Kiste der rätselhaften Gegenstände aus dem Islam* zusammengestellt:

- *Koran:* Der Koran ist das Buch der Muslime. Er ist Gottes Offenbarung an den Propheten Mohammed. Da er in arabischer Sprache mitgeteilt wurde, sollte er auch auf Arabisch gelesen werden.
- *Moschee:* Die Moschee ist das islamische Gotteshaus.
- *Gebetsteppich:* Auf diesem Teppich beten die Muslime. Er wird dazu in Richtung Mekka gelegt.
- *Kompass:* Mit diesem speziellen Kompass kann für das Gebet die Richtung Mekka bestimmt werden.
- *Gebetskette:* Die Kette besteht aus 99 Perlen. Jede Perle steht für einen Namen Gottes.

- *Kaaba:* Sie ist das zentrale Heiligtum des Islam in Mekka. Ibrahim soll sie mit Ismael zusammen erbaut haben.
- *Kappe:* Viele muslimische Männer bedecken ihren Kopf in der Moschee beim Gebet mit einer Kappe.
- *Kopftuch:* Einige muslimische Frauen tragen ein Kopftuch als Teil ihrer Glaubenspraxis.
- *Gebetskalender:* Der Kalender zeigt jeden Tag fünf genaue Uhrzeiten für das Gebet.
- *Zahnbürste:* Sie ist ein Symbol für die Waschungen vor jedem Gebet.

Im Unterricht liegt zuoberst in der Kiste ein merkwürdiger Teppich, der das Zentrum der Erkundung ist. Um ihn herum ranken sich alle weiteren Gegenstände der Kiste, sie erklären später seine Bedeutung. In vier Phasen läuft der Erkundungsprozess ab (vgl. Sajak 2010: 44–49):

1. *Phase der inneren Beteiligung*
   Der geheimnisvolle Teppich wird herumgereicht, ertastet und befühlt. Nun liegt er ausgerollt in der Kreismitte. Die Kinder beschreiben, was sie sehen: Ornamente, Farben und einen großen Würfel auf einer Seite.
2. *Phase der Exploration*
   Die muslimischen Kinder der Klasse fangen an zu erzählen: »Das ist ein Gebetsteppich. Wir brauchen eine saubere Unterlage, wenn wir unser Gebet verrichten.« Sie berichten davon, dass der Teppich in Richtung Mekka ausgelegt wird.
3. *Phase der Kontextualisierung*
   Hier wird aufgezeigt, welche Bedeutung der Teppich im religiösen Alltag hat. Amal und Ali zeigen der Klasse die Haltungen beim rituellen Gebet. Sie wissen, dass sie an dieser Stelle das Gebet nur vormachen, aber nicht durchführen. Zu Beginn das Stehen mit erhobenen Händen, danach das Sprechen des Gebets mit verschränkten Händen. Es folgt die Verbeugung mit anschließendem Knien. Mit der Stirn wird dabei der Boden be-

rührt. Dann sitzt der Betende auf seinen Füßen. Diese Gebetshaltungen können von allen Kindern der Klasse mitvollzogen werden. Gibt es keine muslimischen Kinder in der Klasse, dann kann man mit dem Teppich in eine Moschee gehen und dort den Imam fragen.

Jetzt ist dieser Teppich für die Klasse nicht mehr nur ein merkwürdiger Gegenstand. Die Kinder verstehen jetzt seine religiöse Dimension, seine Bedeutsamkeit und Funktion für die Muslime. Der Teppich hat ihnen einen ganzheitlichen Begegnungsprozess mit dem Islam eröffnet.

Die Kinder öffnen die Schatzkiste und holen die weiteren Gegenstände heraus: das Kopftuch, die Kappe und das Kalenderblatt mit den seltsamen Uhrzeiten. Letzteres zeigt auf, zu welchen Zeiten fünfmal am Tag gebetet wird. Das ruft großes Erstaunen hervor. Fünfmal am Tag, wie soll das gehen? Ist das nicht totaler Stress? Unsere muslimischen Kinder beschreiben es aber ganz anders: Es ist ein Ritual, man macht es einfach. Fünfmal am Tag unterbricht man die Zeit für Ruhe und Besinnung. Alle Muslime fühlen sich in dieser Zeit miteinander verbunden. Alle Gegenstände liegen rund um den Gebetsteppich.

4. *Phase der Reflexion*
Wie ist das eigentlich bei euch? So beginnt die Reflexionsphase. Welches Gebetsritual kennt ihr? Wann betet ihr? Was betet ihr? Sprecht ihr ein Gutenachtgebet? Vom Beten zu sprechen wäre den Kindern sonst eher peinlich gewesen. Aber diese Gebetspraxis im Islam macht ihnen Mut, darüber zu erzählen. Auch Kinder, denen das Gebet ganz fremd ist, sind neugierig geworden.

Durch Artefakte wird ein ganzheitliches interreligiöses Lernen initiiert. Und: Sie können Schlüssel zur Erschließung der eigenen Religion werden – im Kontrast (»Bei uns ist das anders!«) genauso wie linear (»Das ist doch ähnlich wie bei uns«). Die Kiste animierte diese Klasse, eine ähnliche für das Christentum aufzustellen. Welche Gegenstände machen unseren Glauben aus? Ein Kreuz, die Bibel, ein Gesangbuch ... aber was noch? Ayla möchte zuhause mit ihren Eltern eine Kiste zum Alevitentum zusammenstellen.

8.2.3 Besuch von Gotteshäusern

> *Ein Blick in den Unterricht:* »Ist eine Moschee auch eine Kirche?« Mit dieser grundlegenden Frage begann die Moschee-Erkundung. Die Klasse ist freudig gespannt. Es ist wie ein Abenteuer. Die Kinder haben die Kiste der rätselhaften Gegenstände kennengelernt. Einiges konnten wir erklären, aber vieles ist noch rätselhaft geblieben. Mit der Kiste unter dem Arm machen wir uns mit Bus und Bahn auf den Weg. Warum haben Moscheen Türme? Wie sieht sie von innen aus? Gibt es dort auch einen Pfarrer? Müssen wir ein Kopftuch tragen? Saubere Socken, das war die einzige Hausaufgabe.

Die direkte Begegnung mit konkreten Menschen oder Orten ermöglicht Lernerfahrungen, die der Unterricht in der Schule in dieser Fülle nicht bieten kann. Hier wird Religion *gelernt* in der direkten Begegnung mit religiös bedeutsamen Orten, Personen und Ereignissen.
    Die Moschee ist ein Ort gelebter Religion. Sie ist der Raum, in dem sich die Gläubigen versammeln zu Gottesdiensten, gemeinsamen Gebeten und religiösen Feiern.

> *In der Moschee:* Der Imam, der uns schon erwartet, führt uns in einen großen Raum mit weichem Teppichboden, bunten Fliesen an der Wand und einer ganz besonderen Einrichtung. Die Kinder laufen – natürlich in Socken – staunend durch den Raum. Sie haben Karten mit Fragezeichen dabei und legen diese an Stellen, die sie sich nicht erklären können. Nun gehen wir gemeinsam auf Erkundung. Der Imam erklärt die Gebetsnische, das Lesepult, die Tafel mit den Gebetszeiten und die Bedeutung

> der arabischen Schriftzeichen. Wir setzen uns auf den weichen Teppichboden und öffnen die Kiste mit den noch rätselhaften Gegenständen, die wir mitgebracht haben. Der Imam erzählt und erklärt. Sogar aus dem Koran liest er vor, in einer gesungenen Rezitation. Die Kinder sind fasziniert und sie haben viele Fragen: »Ist es nicht anstrengend, so oft am Tag zu beten?«, »Warum muss man sich vor dem Gebet waschen?« Am Schluss unserer Erkundung setzen sich die Kinder an den Ort, der ihnen am besten gefallen hat, und erzählen dazu.

Durch das ganzheitliche Erkunden, Entdecken und Deuten des Moscheeraums entstand eine authentische Begegnung mit einer Religion. Eine solche Begegnung kann an allen religiösen Orten stattfinden, sei es in einer Kirche, einer Synagoge, einem hinduistischen Tempel oder dem Cemhaus einer alevitischen Gemeinde. Diese Begegnungen vergessen die Kinder so schnell nicht.

8.3 Interreligiöses Lernen mit Geschichten der verschiedenen Religionen

Religionen sind Erzähl- und Erinnerungsgemeinschaften. Das Erzählen ist die ursprüngliche Form der Weitergabe religiöser Überlieferung. Jahrhundertelang haben Menschen überall auf der Welt erzählt und die Geschichten der Väter und Mütter weitergegeben. So wurden sie neu erlebt und auch immer wieder neu geschaffen. Alle Geschichten wurden vor der Verschriftlichung wieder und wieder erzählt. In ihnen fanden Erkenntnisse und Weisheiten Gestalt. Sie erzählen von Erlebnissen und Erfahrungen der Menschen, Menschen, die sich auf den Weg gemacht haben, die für ihre Träume und Ideale kämpften, die über sich hinausgewachsen sind und aus ihren Fehlern gelernt haben. Ihre Bilder und Symbole prägen bis heute den kulturellen Hintergrund unserer Zivilisation wie auch unsere Werte, Denk- und Verhaltensmuster. Sie prangern soziale Missstände an und stoßen Veränderungen an. Sie helfen uns, uns in der Welt zurechtzufinden und Entscheidungen zu treffen.

In Geschichten wird Vergangenes wieder lebendig, die Zuhörer tauchen ein in eine andere Zeit. Sie erleben Prunk und bittere Armut, erschrecken über Ungerechtigkeiten und Gewalt, empören sich über Herrschsucht und sind ergriffen von Tapferkeit und Großmut. Wer die Wirkung einer erzählten Geschichte erfahren hat, kennt den Reichtum der Gefühle und der inneren Bilder. Wenn wir mit den Protagonisten mitfühlen und mitfiebern, geht das nicht spurlos an uns vorbei. Wir spielen gemeinsam mit ihnen Handlungsalternativen durch, werden überrascht, enttäuscht, bestätigt oder ermutigt, selbst ähnlich oder vollkommen anders zu reagieren. Die Erfahrungen anderer machen uns reicher, wenn wir mit ihnen mitfühlen. So nehmen Geschichten Einfluss auf unser Wahrnehmen, Denken, Fühlen und Handeln.

Kinder lieben Geschichten. Sie lassen sich mitnehmen in die Dramatik der Geschichte und identifizieren sich mit den Handelnden. Durch die Überlieferung von Lebenserfahrungen haben die Kinder die Möglichkeit, Orientierungshilfe für sich zu entdecken sowie neue Sichtweisen und eigene Deutungen zu entwickeln. Sie entdecken Lebensskripte, in die sie ihre eigenen Erfahrungen einbetten können.

> *Ein Blick in den Unterricht:* Miteinander leben – so heißt unser Unterrichtsvorhaben. Wir haben gemeinsam darüber nachgedacht, warum wir uns eigentlich gegenseitig helfen und was eigentlich Mitmenschlichkeit bedeutet. *Der kleine Prinz* von Saint-Exupéry und das Bild *Herzauge* von Hap Grieshaber haben uns gezeigt, dass man eigentlich nur mit dem Herzen gut sieht. Die Geschichte vom barmherzigen Samariter hat uns beispielhaftes Verhalten gezeigt. Tom kannte die Geschichte aus dem Kindergottesdienst und hat uns viel über die Beweggründe des Samariters erzählt. Heute wollen wir in weiteren Geschichten forschen. Ich erzähle, unterstützt mit Figuren im Bodenbild, die Geschich-

8.3 Interreligiöses Lernen mit Geschichten der verschiedenen Religionen

> te von Hizir. Ayla strahlt. Über Hizir kann sie viel erzählen: »Er reitet auf einem Schimmel und hört die Hilferufe der Menschen und hilft, wobei er dabei häufig sein äußeres Erscheinungsbild ändert.« Kein anderes Kind der Klasse hat je von ihm gehört und sie hören gebannt zu.

Gemeinsam haben wir über die Beweggründe des Samariters nachgedacht. »Es jammerte ihn«, so heißt es im Text. Wir überlegen, aus welchen Gründen Ali und seine Frau in der alevitischen Geschichte in ihrer großen Not völlig fremde Gäste aufnahmen, die hungernd an ihre Tür klopften. Auch sie sahen als Erstes die Not der anderen und halfen spontan. In der nächsten Stunde ist eine Geschichte von Mohammed Thema, der eine kranke Frau versorgte, obwohl sie ihn ständig beschimpft und beleidigt hatte.

In diesen Geschichten entdecken die Kinder, dass es universelle ethische Vorstellungen gibt. Hizir, Mohammed, der Samariter und später der Affenkönig aus dem Buddhismus geben ihnen Denkanstöße zur ethischen Orientierung. Diese Begegnungen mit dem Fremden machen das interreligiöse Lernen spannend. Mit Freude entdecken wir die Gemeinsamkeiten und die Unterschiede. Sie trennen nicht, sondern eröffnen eine Multiperspektivität. In dieser dialogischen Begegnung wird Tom nicht seine christliche Beheimatung verlieren. Die Kinder entdecken, dass mitmenschliches Handeln der ethisch-moralische Kern aller Religionen ist. Dieser zeigt sich in einer *Goldenen Regel*, die heilige Schriften und Traditionen fast aller Religionen und Kulturen in zahllosen Varianten aufweisen. Diese Regel wird deshalb *Goldene Regel* genannt, weil sie ein essenzielles Ethos formuliert: Eine Zusammenfassung dessen, wie Menschen miteinander umgehen sollen und was die Gesellschaft dringend braucht (Unterrichtsideen dazu in: von Braunmühl/Kuß u. a. 2014: 104–111).

Dieser Beitrag kann nur ein kleines Fenster für die Möglichkeiten der interreligiösen Begegnung öffnen. Es gibt unendlich viele Möglichkeiten, gemeinsame Schätze zu entdecken. Wir erschließen nicht die Religionen und ihre Traditionen unter dem Anspruch umfassender Vollständigkeit und kognitiven Wissens. Exemplarische Begegnungen sind leitend. An guten Beispielen entdecken Kinder Angebote religiöser Welten zur Erschließung ihrer eigenen lebensbedeutsamen Erfahrungen und Fragen.

> **Weiterführende Anregungen und Hinweise für die pädagogische Praxis**
> von Braunmühl, S./Knauth, Th. (Hrsg.) (2014): Interreligiöses Lernen. In: Die Grundschulzeitschrift, Heft 278. 279.
> Sajak, C. P. (2018): Interreligiöses Lernen. Wbg Academic.
> Reihe Interreligiös-dialogisches Lernen: Die Bücher dieser Reihe geben praktische Anregungen für die Berücksichtigung der religiösen Vielfalt im Religionsunterricht. Für die Grundschule erschienen sind bisher:
> Wer bin ich? – Wer bist du? (ID 1)
> Sterben und Tod – Was wird einmal sein? (ID 2)
> Räume und Orte der Religionen entdecken (ID 3)
> Pfade zur Menschlichkeit (ID 4).

Literatur

von Braunmühl, S./Eckstein, K./Gloy, A. u. a. (2020): Pfade zur Menschlichkeit. Unterrichtsmaterialien für die Klassen 3–6. Reihe Interreligiös-dialogisches Lernen (ID 4). München: Kösel.

von Braunmühl, S./Knauth, Th. (Hrsg.) (2014): Interreligiöses Lernen. In: Die Grundschulzeitschrift, Heft 278. 279.

von Braunmühl, S./Kuß, B. u. a. (2014): Wer bin ich? Wer bist du? Unterrichtsmaterialien für die Grundschule mit CD-ROM. Reihe Interreligiös-dialogisches Lernen (ID 1). München: Kösel.

EKD (Hrsg.) (2014): Religiöse Orientierung gewinnen. Evangelischer Religionsunterricht als Beitrag zu einer pluralitätsfähigen Schule. Eine Denkschrift des Rates der Evangelischen Kirche in Deutschland. Gütersloh: Gütersloher Verlagshaus. https://www.ev-kirche-dortmund.de/fileadmin/Medienablage/schulreferat/religioese_orientierung_gewinnen.pdf [Zugriff: 30.06.2020].

Hull, J. M. (1996): A Gift to the Child: A New Pedagogy for Teaching Religion to Young Children. In: Religious Education Volume 91, Issue 2: 172–188.

Kaddor, L./Müller, R. (2012): Der Islam – Für Kinder und Erwachsene. München: C. H. Beck.

Leimgruber, S. (2007a): Neue Perspektiven interreligiösen Lernens. In: Stimmen der Zeit 6, 363–374.

Leimgruber, S. (2007b): Interreligiöses Lernen. München: Kösel (2. Aufl.).

Sajak, C. P. (2010): Kippa, Kelch, Koran – Interreligiöses Lernen mit Zeugnissen der Weltreligionen. München: Kösel.

Sieg, U. (2003): Feste der Religionen: Werkbuch für Schule und Gemeinde. Düsseldorf: Patmos.

Autor*innenverzeichnis

Dr. Sabine Andresen ist Professorin am Fachbereich Erziehungswissenschaften, Institut für Sozialpädagogik und Erwachsenenbildung der Goethe-Universität Frankfurt. Arbeits- und Forschungsschwerpunkte: Kindheits- und Familienforschung; Child-Well-Being Forschung; Vulnerabilität in der Kindheit; Armutsforschung; Forschungen zu sexueller Gewalt in Kindheit und Jugend; Historische Forschungen v. a. zu Kindheit, Jugend und Reformpädagogik im 20. Jahrhundert.
E-Mail: S.Andresen@em.uni-frankfurt.de

Christiane Bainski, Leiterin der »Landesweiten Koordinierungsstelle Kommunale Integrationszentren« (LaKI) in Nordrhein-Westfalen i. R. Arbeits- und Forschungsschwerpunkte: Bildung in der Migrationsgesellschaft, Mehrsprachigkeit & Unterrichts- und Schulentwicklung, Partizipation mit Eltern.
E-Mail: bainski@gmx.de

Dr. Christine Bär, wissenschaftliche Mitarbeiterin an der Allgemeinen Erziehungswissenschaft der Universität Gießen. Arbeits- und Forschungsschwerpunkte: Migration, Flucht, Adoleszenz- und Identitätsentwicklung, geflüchtete Familien, Trauma- und Psychoanalytische Pädagogik. Aktuelle Forschung zu den psychosozialen Auswirkungen von digitalen Medien in Familie und Schule.
E-Mail: Christine.Baer@erziehung.uni-giessen.de

Dr. Heike de Boer, Professorin für Grundschulpädagogik an der Universität Koblenz-Landau, Campus Koblenz. Arbeits- und Forschungsschwerpunkte: Professionelles Lehrer*innenhandeln in Unterrichtsgesprächen und im Kontext von Migration und Mehrspra-

chigkeit; Interaktionsanalyse; forschendes Lernen; Demokratielernen; mit Kindern philosophieren.
E-Mail: hdeboer@uni-koblenz.de

Susanne von Braunmühl, Studienleiterin für Religionsunterricht in der Grundschule und Leitung der Lernwerkstatt (Hamburg) am Pädagogisch-Theologischen Institut Nordelbien; Herausgeberin von *Grundschule Religion*. Arbeitsschwerpunkt: Interreligiöses, dialogisches Lernen.
E-Mail: Susanne.vonBraunmuehl@pti.nordkirche.de

Sabrina Döther, wissenschaftliche Mitarbeiterin am Zentrum für Kinder- und Jugendforschung an der Ev. Hochschule Freiburg. Arbeits- und Forschungsschwerpunkte: Prävention und Gesundheitsförderung; Stärkung von Kita-Teams in der Begegnung mit Kindern und Familien mit Fluchterfahrung; Inklusion; qualitative Forschung.
E-Mail: sabrina.doether@eh-freiburg.de

Dr. Klaus Fröhlich-Gildhoff, Ko-Leiter des Zentrums für Kinder- und Jugendforschung an der Ev. Hochschule Freiburg. Arbeits- und Forschungsschwerpunkte: Förderung der seelischen Gesundheit in Kindheit und Jugend; Herausforderndes Verhalten in Kindheit und Jugend; Organisations- und Kompetenzentwicklung im Feld der frühkindlichen Bildung, Betreuung und Erziehung.
E-Mail: froehlich-gildhoff@eh-freiburg.de

Dr. Daniela Merklinger, Professorin für Deutschdidaktik mit dem Schwerpunkt sprachliches und literarisches Lernen an der Pädagogischen Hochschule Ludwigsburg. Arbeits- und Forschungsschwerpunkte: Professionalisierung der Gesprächsführung; dialogische Gespräche mit Kindern; Lernprozessbeobachtung in fachdidaktischen Kontexten; Texte schreiben als kulturelle Tätigkeit in der Grundschule.
E-Mail: daniela.merklinger@ph-ludwigsburg.de

Autor*innenverzeichnis

Dr. Ursula Neumann, Professorin für Erziehungswissenschaft (i. R.) an der Universität Hamburg am Institut für Internationale und Interkulturell Vergleichende Erziehungswissenschaft. Arbeits- und Forschungsschwerpunkte: Interkulturelle Bildung; Migration, Flucht, Mehrsprachigkeit und interkulturelle Schulentwicklung.
E-Mail: ursula.neumann@uni-hamburg.de

Dr. Charlotte Röhner, Senior-Research-Professorin für Pädagogik der frühen Kindheit und der Primarstufe an der Goethe Universität Frankfurt, vormals Bergische Universität Wuppertal. Arbeits- und Forschungsschwerpunkte: Erst- und Zweitspracherwerb, Schulentwicklung, Grundschul- und Kindheitsforschung.
E-Mail: roehner@em.uni-frankfurt.de

Dr. Maike Rönnau-Böse, Professorin für Pädagogik der Kindheit an der Ev. Hochschule Freiburg und im Zentrum für Kinder- und Jugendforschung. Arbeits- und Forschungsschwerpunkte: Resilienz und Gesundheitsförderung; Herausforderndes Verhalten; Zusammenarbeit mit Eltern; Spiel und Spieltherapie.
E-Mail: roennau-boese@eh-freiburg.de